## 기획·tvN STORY 〈벌거벗은 한국사〉 제작진

과거의 어느 시간대로든 떠나, 우리나라 역사 속의 중요한 사건과 흥미로운 인물들을 만날 수 있는 '역사 스토리텔링' 프로그램을 만들었습니다. 우리 역사의 장면을 재밌고 흥미진진하게 전달하면, 여러분의 기억 속에 오래 남을 수 있을 거라는 생각으로 만든 것이 〈벌거벗은 한국사〉입니다.

## 글·이선영

대학원에서 공부를 마치고 어린이책을 만들기 시작했습니다. 어린이들 마음에 우리 문화와 역사를 뿌리 깊게 심어 주고, 우리 글의 소중함을 느낄 수 있는 책을 만들려고 애써 왔습니다. 쓴 책으로는 《사시사철 우리 놀이 우리 문화》《연지 곤지 찍은 우리 언니, 부케 든 우리 이모》《금줄 단 금동이네, 이름표 단 튼튼이》《저승으로 간 우리 할아버지, 하늘 나라로 간 우리 할아버지》《도대체 뭐라고 말하지? 말맛 글맛 퐁퐁! 의성어·의태어》《서울대 교수와 함께하는 10대를 위한 교양 수업 3》들이 있습니다.

## 그림·이효실

중앙대학교에서 한국화를 공부하고 영국 킹스턴 대학교에서 일러스트레이션을 공부한 뒤, 현재 어린이책 그림작가로 활동하고 있습니다. 차분하면서도 편안한 그림으로 아이들의 마음을 따뜻하게 담아냅니다. 《난 꿈이 없는걸》《쉿! 갯벌의 비밀을 들려줄게》《가족 바꾸기 깜짝 쇼》《좋아서 껴안았는데, 왜?》《부릅뜨고 꼼꼼 안전》《부릅뜨고 똑똑 표지판》을 비롯한 여러 어린이책에 그림을 그렸습니다.

## 감수·노혜경

연세대학교 사학과에서 학사를 마치고 같은 대학교 대학원에서 석사학위를 받았습니다. 한국학중앙연구원에서 박사학위를 받은 뒤 미국 UCLA를 다닌 후 한국학중앙연구원 연구원, 실학박물관 학예사, 덕성여대 연구교수를 지냈습니다. 현재는 호서대학교 혁신융합학부 교수로 일하고 있습니다. 쓴 책으로는 《두 리더: 영조 그리고 정조》《영조어제 해제 6》《조선후기 수령 행정의 실제》공저로는 《실학, 조선의 르네상스를 열다》《인도, 신이 인간이 되어 사는 세상》들이 있습니다. 더 많은 이들이 한국사에 대해 관심을 가지길 바라며 tvNSTORY 〈벌거벗은 한국사〉에 출연했습니다.

## 감수·이민웅

해군사관학교를 졸업하고, 서울대학교 국사학과에서 학사와 석사, 박사학위를 받았습니다. 이후 해군사관학교에서 오랜 기간 교수로 일했으며, 현재는 같은 학교에서 명예교수, 대구가톨릭대학교 역사교육과에서 석좌교수를 지내고 있습니다. 쓴 책으로는 《이순신 평전》《임진왜란 해전사》들이 있으며 공동 번역한 책으로는 《신정역주 이충무공전서 세트》가 있습니다. 우리나라 역사와 인물들에 대한 이야기를 사람들과 나누기 위해 tvNSTORY 〈벌거벗은 한국사〉에 출연했습니다.

초등학생이 꼭 알아야 할 필수 한국사

# 벌거벗은 한국사

④ 영웅 이순신과 이삼평의 임진왜란

기획 tvN STORY 〈벌거벗은 한국사〉 제작진
글 이선영  그림 이효실  감수 노혜경·이민웅

아울북

'이 땅에서 현재를 살아가는 우리, 이 땅에서 살았을 우리 조상들. 비록 살았던 시간은 다르지만 같은 땅을 딛고 산 수많은 사람들. 그들은 과연 어떤 삶을 살았을까?'
저희는 이러한 질문에서부터 시작했습니다. 그리고 이 궁금증을 어떻게 해결할 수 있을지 고민했습니다. 이런 고민 속에서 우리는 뜻을 모을 수 있었습니다.

〈벌거벗은 한국사〉는 과거행 특급 열차 히스토리 트레인 익스프레스(HTX, History Train Express)를 타고, 한국사 여행을 떠납니다. 반만년 우리 역사의 수많은 사건과 인물들이 있는 '역사의 현장'에 도착하지요. 그리고 그 뒤에 숨은 이야기를 벌거벗겨 봅니다.

많은 역사적 사실들은 어렵고 딱딱하고 접근하기 어려운 부분이 있지만, 역사의 현장감을 살린 쉽고 재미있는 스토리텔링 방식이라면 한국사를 부담 없이 즐길 수 있을 거예요.

이 책은 방송 프로그램에서 방영되었던 방대한 역사적 사건과 인물들 중 초등학생이 꼭 알아야 할 필수적인 이야기를 엄선했어요. 주인공들과 함께 HTX를 타고 과거로 가 생생한 현장을 마주하고, 매직 윈도우로 당시와 현재를 보면서 한국사를 낱낱이 벌거벗기는 여행을 합니다. 이 과정을 통해 어린이는 스스로 '역사 속 주인공'이 되어 몰입할 수 있어요. 역사 지식을 단순히 아는 것에서 나아가 사건과 인물이 처한 환경과 인과 관계까지 파악할 수 있어 역사적 사고력을 키울 뿐만 아니라, 올바른 역사의식도 세울 수 있지요.

그럼, 지금부터 한국사 여행 출발해 볼까요?

 제작진

# 차례

등장인물 • 6
프롤로그 • 10

### 임진왜란의 영웅, 이순신

- **1장** 임진왜란의 발발 • 18
- **2장** 이순신의 등장과 위기 • 36
- **3장** 명량대첩과 노량해전 • 60

### 임진왜란의 포로, 이삼평과 강항

- **4장** 도자기의 신이 된 이삼평 • 84
- **5장** 일본 유학의 아버지가 된 강항 • 102

에필로그 • 116

**1567** 선조 즉위

**1592** 임진왜란 발발 한산도대첩

**1593** 행주대첩

**1597** 정유재란 발발 명량대첩

세계사

**1588** 영국, 에스파냐 무적함대 격파

**1590** 도요토미 히데요시, 일본 전국 통일

<벌거벗은 한국사> 방송 시청하기

10회   19회

## 역사 정보

❶ 시대 배경 살펴보기 · 122

❷ 인물 다르게 보기 · 124

❸ 또 다른 역사 인물들 · 126

· 주제 마인드맵 · 128

## 벌거벗은 한국사 퀴즈

· 이순신 편 · 130

· 이삼평과 강항 편 · 132

· 정답 · 134

사진 출처 · 135

| 1598 | 1607 | 1609 |
|---|---|---|
| 노량해전 | 조선 통신사 파견 | 기유약조 |

1600
영국,
동인도 회사 설립

1603
일본,
에도 막부 성립

"쌤! 저 어때요?"

이순신처럼 갑옷을 입고 온 만세가 말했어요.

"와, 이번 한국사 여행의 주제에 맞게 갑옷을 입고 왔군요! 멋있어요."

"쌤, 전 이번 여행이 너무 기대돼요. 제가 가장 존경하는 위인이 이순신이거든요."

"그건 나도 마찬가지거든? 이순신을 주인공으로 한 영화나 드라마가 얼마나 많은데? 나도 이순신 팬이라고!"

여주도 눈을 반짝이며 말했어요. 그러자 마이클도 질세라 끼어들었어요.

"저도 이순신을 알아요. 한국사 마니아라면 당연히 한국을 빛낸 이순신을 알아야죠."

"오, 다들 이순신을 아는군요. 그렇다면 이순신은 언제 활약한 인물일까요?"

한 쌤이 질문하자마자 마이클이 대답했어요.

"임진왜란! 1592년 일본의 침략으로 일어난 전쟁이요!"

"그렇죠. 마이클이 한국사 마니아답게 연도까지 정확히 알고 있네요. 일본이란 국호는 710년에 정해졌지만, 조선에서는 여전히 일본을 '왜'라고 불러서 왜란이라고 하죠. 임진왜란 때 바다에서는 이순신, 육지에서는 의병이 활약해서 일본군을 무찔렀죠. 그럼, 질문을 하나 더 해 볼게요. 이순신이 일본군을 무찌르는 데 썼던 배 이름은 무엇일까요?"

"쌤, 질문이 너무 쉬워요. 그건 유치원생도 다 안다고요. 거북선이잖아요."

만세가 한 쌤의 질문에 실망했다는 듯 대답하자 이조선교수님이 빙그레 웃으며 말했어요.

"그럼 조금 더 어려운 질문을 해 볼까요? 거북선은 임진왜란 때 몇 번째 해전부터 출전했을까요?"

"임진왜란 처음부터 거북선을 썼던 게 아니에요?"

여주가 고개를 갸우뚱하며 질문했어요.

"그렇답니다. 거북선은 임진왜란이 시작되기 하루 전에 완성이 되어서 첫 해전인 옥포해전에서는 쓰지 못했고, 그다음 사천해전부터 투입되었어요."

"그럼, 그다음부터는 계속 거북선이 전투에 나간 거죠?"

마이클의 질문에 한 쌤이 말했어요.

"그랬어요. 사천해전 이후 거북선은 출동한 해전마다 승리를 거뒀어요. 하지만 이순신이 명량대첩을 앞두고 '신에게는 아직 열두 척의 배가 남아 있습니다.'라고 말했을 때, 그 열두 척의 배는 거북선이 아니었어요."

"네? 거북선이 아니었다고요?"

마이클이 깜짝 놀라 큰소리로 물었어요.

"명량대첩 전에 있었던 해전에서 조선 수군은 일본군에게 첫 패배이자 큰 패배를 당했어요. 거북선을 포함해 대부분의 배들이 부서지고 바다에 가라앉고 말았지요. 그게 바로 임진왜란 해전 역사상 최악의 전투였던 칠천량해전이었죠."

이조선 교수님의 설명에 갑옷을 벗던 만세가 말했어요.

"교수님, 그런데 전 이순신이 해전에서 졌다는 얘기를 한 번도 들은 적이 없는데, 어떻게 된 거예요?"

"맞아요. 이순신은 임진왜란 때 한 번도 진 적이 없어요. 칠천량해전은 이순신이 아닌 원균이 나섰던 전투였어요."

"원균? 왜 원균이 전투에 나간 거예요?"

여주가 질문하자 한 쌤이 대답했어요.

"이순신이 관직을 잃었기 때문이에요."

"네? 뭐라고요?"

"궁금하죠? 조선 최고의 영웅 이순신이 임진왜란 중에 관직을 잃었다니 말이에요. 어서 여행을 떠나 볼까요?"

"네! 어서 떠나요."

만세와 마이클, 여주가 한목소리로 외쳤어요.

"좋아요! 이순신은 어떻게 임진왜란의 영웅이 되었는지, 그리고 왜 관직을 잃게 되었는지 그 비밀을 벌거벗겨 보아요. 임진왜란이 터진 1592년 조선으로 출발!"

임진왜란의 영웅, 이순신

# 임진왜란의 발발

임진왜란 때 일본군이 침입했던 부산 영도예요.

영도 앞바다는 배들이 부산으로 들어오는 첫 길목이죠.

이렇게 멋진 바다로 일본군이 쳐들어오다니!

우리는 지금 1592년 음력 4월 13일 오후 5시, 부산 영도 앞바다에 와 있어요. 이때 부산을 지키는 장수였던 정발은 부하들과 사냥을 즐기고 있었어요.

정발은 활쏘기를 하다가 저 멀리서 다가오는 배들을 발견했어요. 부하들은 이맘때쯤이면 조공을 하러 오는 일본의 배들일 거라 했지만, 정발은 심상치 않은 기운을 느꼈어요. 배들의 수가 수백 척이었거든요.

"조공을 하러 오는 게 아니다. 일본군이 쳐들어오는 것이야!"

정발은 부하들을 데리고 부산진성으로 돌아갔어요. 이날 밤 일본군은 바다에 머무르다 새벽이 되자 움직였어요. 기나긴 전쟁, 임진왜란이 시작된 거예요.

여긴 부산진성! 부산 여행 때 왔었지.

역사 여행을 한 거야? 역시 한국사 마니아!

## 일본군의 기습으로 시작된 임진왜란

1592년 음력 4월 14일 새벽 6시, 부산 앞바다에서 밤을 지샌 일본군이 새벽 물안개를 이용해 상륙해서 부산진성을 기습했어요. 임진왜란의 첫 전투가 벌어진 것이죠.

부산진성에서 정발은 물 밀 듯 밀려오는 일본군을 맞아 용감하게 싸웠어요. 하지만 갑자기 치르는 전투는 힘겨웠어요. 일본군은 1만 8천 7백여 명인데 조선군은 1천여 명에 불과했어요. 무기도 일본군은 쌍칼과 총을 들었고, 조선군은 활이 전부였어요.

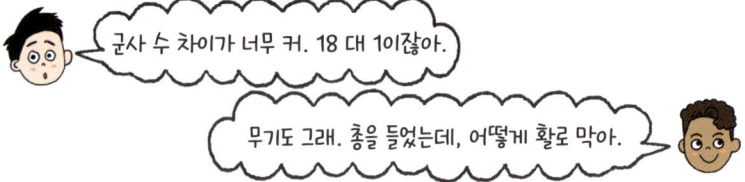

"기죽지 말아라. 반드시 성을 지켜야 한다!"

정발은 군사들의 사기를 북돋우며 쉴새 없이 활을 쏘았어요. 백성들까지 힘을 보탰지만, 일본군을 이기기에는 역부족이었어요. 결국 두 시간여 만에 전투는 패배로 끝나고 말았어요. 정발은 일본군의 총탄을 맞아 목숨을 잃었고, 군사와 백성들도 모두 무참히 죽고 말았어요.

↑ 부산진성 전투를 그린 〈부산진순절도〉

부산진성을 함락시킨 일본군은 동래부성으로 향했어요. 동래부성은 오늘날 부산 동래구에 있었던 읍성으로, 부산에서 한양으로 향하는 교통의 요지에 있었어요.

동래부성을 책임지는 지방관은 동래부사 송상현이었어요. 송상현은 일본군이 온다는 소식에 백성들을 모두 성안으로 불러들였어요. 그리고 인근의 울산, 양산, 밀양 등에서 온 지방관들, 이 지역 육군을 이끄는 장수인 이각과 모여 전투에 대비했어요. 그런데 이때 이각이 성 밖을 지키겠다며 성을 빠져나갔어요. 이각은 일본군의 수가 엄청나게 많다는 얘기를 듣고는 싸움에서 이길 수 없다고 생각했어요. 그래서 핑계를 대며 도망친 것이었어요.

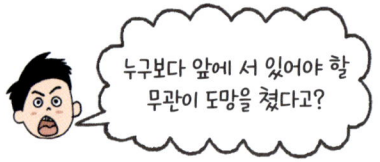
누구보다 앞에 서 있어야 할 무관이 도망을 쳤다고?

동래부성에 들이닥친 일본군은 성을 에워싸고 송상현에게 길을 비켜 달라고 했어요. 이 말은 곧 성을 내놓고 항복하라는 뜻이었죠. 송상현은 이렇게 답했어요.

"싸우다 죽는 것은 쉬우나 길을 비켜 주긴 어렵다!"

일본군과 싸우는 걸 피하지 않겠다는 뜻이었지요. 전투는 4월 15일 아침에 시작됐어요. 송상현은 성안에서 군사와 백성들과 똘똘 뭉쳐 싸웠어요. 하지만 일본군의 수가 너무나 많았어요.

북쪽을 향해 절을 하는 송상현

'길을 비켜 주는 건 어렵다.'고 쓴 송상현의 목판

'길을 비켜 달라.'고 쓴 일본군의 목판

도망치는 이각

성을 함락하는 일본군들

일본군에 기와를 던지는 백성들

↑ 동래부순절도

송상현은 전투가 패배로 끝날 것을 예감하고, 마지막을 준비했어요. 왕이 있는 북쪽을 향해 절을 올렸고, 일본군에게 죽임을 당했지요. 함께 싸웠던 군사들과 백성들도 모두 목숨을 잃었고, 동래부성은 반나절 만에 함락되고 말았어요.

일본군은 부산 앞바다에 온 지 사흘 만에 부산진성과 동래부성을 함락시키고 곧장 북쪽으로 향했어요. 일본군에게 조선군은 바람에 꺼지는 촛불처럼 쓰러졌어요. 조선군은 왜 이렇게 맥없이 일본군에 당했을까요?

## 임진왜란이 일어나기 전 상황

조선은 건국 후 200여 년 동안 전쟁이 없었어요. 조선 초에는 왜구가 기승을 부렸지만, 태조와 태종이 모두 진압했죠. 이후 조선은 큰 외침이 없었고, 평화가 계속되자 국방에 소홀해졌어요.

전쟁이 없으니 군사 훈련은 관심 밖으로 밀려났어요. 안 그래도 조선은 학문을 중시하는 나라잖아요. 글 공부를 한 문신이 무예를 닦은 무신보다 우대를 받았고, 문신들이 중심이 돼 나라를 다스렸어요. 심지어 군사 문제를 다루는 기관들의 수장을 문신이 하기도 했죠.

백성들도 힘든 군대를 여러 가지 방법으로 가지 않으려고 했어요. 전쟁 경험이 있거나 군사 훈련받은 상비군이 턱없이 부족했죠.

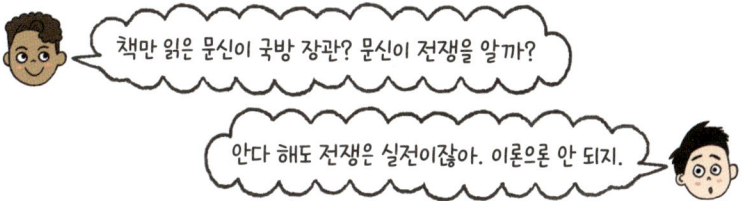

이런 상황 속에서 임진왜란이 일어나기 10여 년 전이있어요. 군사에 관한 일을 맡아보는 병조의 으뜸 벼슬자리에 있던 이이가 선조에게 이렇게 말했어요.

"나라가 오래도록 평안하여 군대는 훈련을 게을리하고 식량은 부족하게 되었습니다. 이대로라면 외적의 침입이 있을 때 당해 낼 수 없을 것입니다. 십만의 군사를 길러 외침을 대비해야 합니다."

이른바 '십만 양병설'을 펼친 거예요. 하지만 그때는 나라 살림이 넉넉하지 않았어요. 돈이 없으니 군사비를 늘리기 어려웠던 거예요.

이때 일본은 도요토미 히데요시가 100여 년

율곡 이 이

동안 계속된 지방 세력 간의 전쟁을 끝낸 뒤 나라를 안정시켜 가고 있었어요. 도요토미 히데요시는 자신의 위세를 더욱 떨칠 수 있는 방법을 찾았어요. 그러다 명*을 정복하겠다는 큰 꿈을 꿨어요.

> **명**
> 1368년에 중국 땅에 세워진 나라. 조선이 '사대교린'의 외교 정책에 따라 받들어 섬겼다.

일본이 명을 치러 가려면 조선을 지나야 하죠. 도요토미 히데요시는 먼저 조선에 얘기했어요.

"명을 치러 갈 것이오. 조선이 명으로 가는 길을 내주어 협조해 주시오."

명으로 가는 길을 내달라니! 조선 조정은 전쟁을 일으키겠다는 도요토미 히데요시의 말을 믿기 어려웠어요. 일본은 조선에게 조공을 바치는 약한 나라였거든요. 하지만 자꾸만 요청하니 미심쩍었지요. 그래서 일본의 상황을 알아보러 황윤길과 김성일 등을 사신으로 보냈어요.

1591년 음력 3월 1일, 황윤길과 김성일이 일본에서 돌아와 선조에게 보고를 하는

↑ 도요토미 히데요시

자리가 있었어요. 먼저 황윤길이 이렇게 말했어요.

"일본은 분명히 군대를 크게 일으켜 침입할 것입니다."

그러자 김성일이 받아쳤어요.

"전하, 신은 그런 단서를 찾지 못했사옵니다. 황윤길의 말은 괜히 민심을 흉흉하게 만들 뿐입니다."

선조는 누구 말이 맞을지 고민을 하다 이렇게 물었어요.

"그래, 도요토미 히데요시는 어떻게 생겼던가?"

"눈빛이 번뜩번뜩해 겁이 없고 지략이 있어 보였습니다."

"아닙니다. 그의 눈은 쥐같이 생겼습니다. 그는 겁은 많고 지략은 없는 사람입니다."

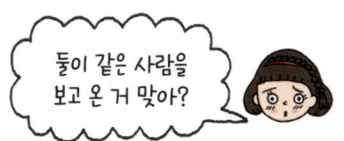

두 신하의 엇갈린 말을 들은 선조는 결국 김성일의 말을 믿기로 했어요. 약소국인 일본이 전쟁을 일으킬 리 없다고 생각한 것이죠.

이후 선조는 도요토미 히데요시의 길을 내달라는 요청에 귀를 닫았어요. 전쟁이 일어나지 않는다고 생각하니 국방을 튼튼히 하는 일에도 소홀했죠.

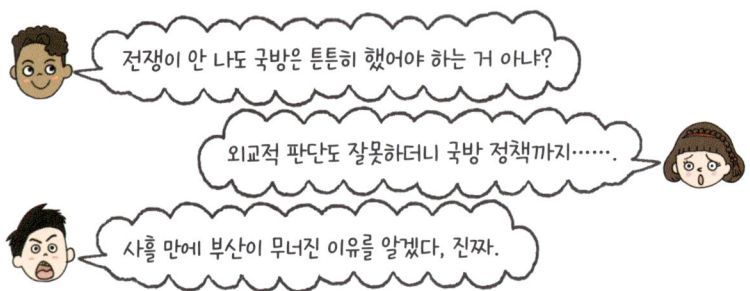

그사이 도요토미 히데요시는 조선에 길을 내달라는 요청을 계속하면서 군사력을 더욱 강화했어요. 특히 서양에서 전래된 신무기인 조총을 대량 생산하며 전쟁 준비에 힘을 쏟았

↑ 일본에서 만든 조총

어요. 그리고 끝내 선조가 자신의 요청을 들어주지 않자 결단을 내렸어요.

"더는 기다릴 수 없다! 당장 조선으로 출동하라!"

이렇게 해서 1592년 음력 4월 13일 일본군은 바다를 건넜어요. 그리고 전쟁 대비가 없었던 조선군을 상대로 파죽지세로 부산진성, 동래부성을 무너뜨렸던 거예요.

### 파죽지세로 북상하는 일본군

선조는 4월 17일에야 일본군이 쳐들어왔다는 보고를 받았어요. 선조는 부랴부랴 무신 이일, 신립 등을 순변사로 임명했어요. 그리고 일본군이 한양으로 향하는 길목인 상주, 충주 지역 등을 철통같이 지키라는 명령을 내렸지요.

> **순변사**
> 조선 시대에 왕의 명령으로 변방에 가서 군사 문제를 순찰하던 특사.

선조의 명령으로 상주에 온 이일은 처음부터 난관에 부딪혔어요. 군사를 모아야 하는데, 오랜 기간 전쟁이 없는 평화 속에서 살았던지라 선뜻 전쟁터에 가겠다는 사람이 없었거든요. 이일은 마을 곳곳을 돌아다니며 수백 명을 모았지만 죄다 무기 한 번 들어 보지 않은 농민들뿐이었어요. 결국 이일은 상주에서 일본군과 벌인 전투에서 패하고 충주로 후퇴했어요.

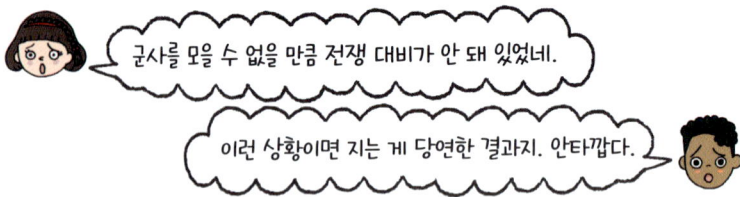

충주에는 신립이 도착해 전투에 대비하고 있었어요. 신립은 이일로부터 일본군의 수가 어마어마하게 많다는 얘기를 들었어요. 신립은 북방 지역에서 여진족의 침입을 막아 내 선조와 백성들에게 큰 신뢰를 받은 장군이었어요. 신립은 기병 부대를 이끌고 북방을 지켜 왔던 경험을 살려 일본군을 무찌를 작전을 세웠어요.

"일본군보다 수가 적지만, 우리는 무적의 기병 부대다. 일본군을 너른 들판으로 끌어들여 싸우면 반드시 승리할 것이다."

신립은 기병 부대가 잘 싸울 수 있는 너른 벌판인 탄금대에서 일본군과 맞서기로 하고 배수진을 쳤지요. 하지만 이 작전은 실패로 돌아가고 말았어요.

"탕, 탕, 탕!"

일본군은 탄금대를 포위하고 신립의 기병 부대를 향해 조총을 쏘았어요. 기병 부대는 쏟아지는 총탄에 어찌할 바를 몰랐어요. 벌판에서는 총탄을 피할 수 있는 방법이 없었거든요. 신립이 이끌었던 군사들은 전멸했고, 신립도 탄금대를 돌아 흐르는 남한강에 몸을 던졌어요.

신립이 탄금대 전투에서 패하고 죽음을 맞이했다는 소식은 충격적이었어요. 신립이 승리할 것이라 믿고 피난을 가지 않았던 충주의 많은 백성들도 목숨을 잃었죠.

상주에 이어 충주마저 뚫리자 조선 조정은 난리가 났어요. 충주는 일본군의 북상을 막는 최후의 보루였거든요. 이제 일본군이 한양에 오는 건 시간 문제였어요. 조정 대신들은 잔뜩 겁을 먹고 선조에게 이렇게 말했어요.

"전하, 어서 북쪽 평양으로 피란하시고, 명에 도움을 청하소서. 그것만이 살길이옵니다."

4월 30일 새벽, 선조는 황급히 피란길에 올랐어요. 궁궐을 버리고, 백성을 버리고 떠나는 피란이었죠. 선조가 떠난 뒤 사흘 만에 조선의 수도 한양은 일본군에게 함락되고 말았어요.

황윤길의 말을 믿었어야 했는데….

조선 육군은 신무기인 조총을 앞세운 일본군에게 속수무책으로 연전 연패했어요. 조선 땅은 일본군의 발 아래 짓밟히고, 조선의 백성들은 잔혹하게 약탈당했어요.

파죽지세로 한양까지 점령한 일본군은 기세등등했고, 계속해서 북상하려 했어요. 그런데 한양 점령 이후 그 속도와 분위기가 달라졌어요.

## HTX VIP 한국사 보태기

### 일본군의 북상과 선조의 피난

전쟁 준비를 철저하게 해 온 일본군이 한양을 함락하기까지는 불과 20일밖에 걸리지 않았어요. 선조는 일본군을 피해 한양을 버리고 의주까지 도망을 쳐야 했지요. 숨가빴던 임진왜란 초기 상황을 날짜별로 살펴볼게요.

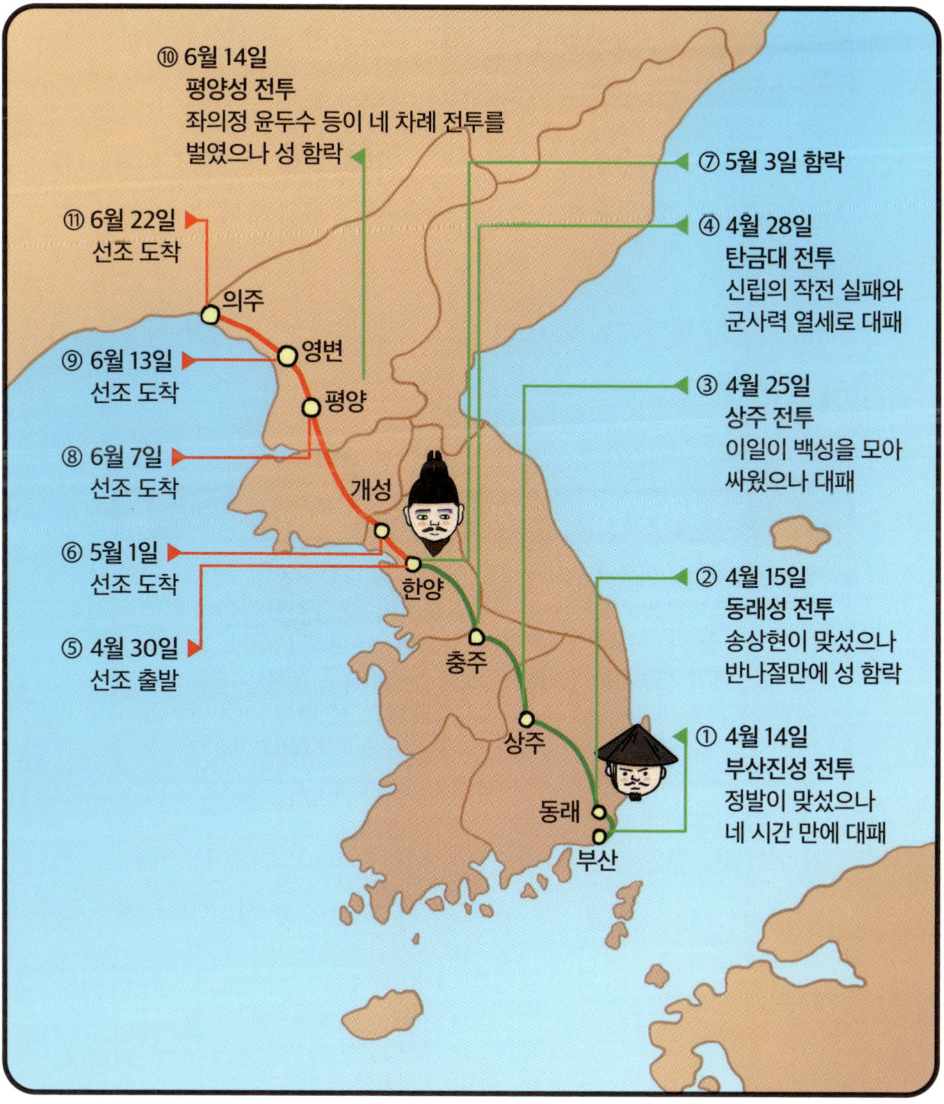

⑩ 6월 14일
평양성 전투
좌의정 윤두수 등이 네 차례 전투를 벌였으나 성 함락

⑦ 5월 3일 함락

④ 4월 28일
탄금대 전투
신립의 작전 실패와 군사력 열세로 대패

⑪ 6월 22일
선조 도착

③ 4월 25일
상주 전투
이일이 백성을 모아 싸웠으나 대패

⑨ 6월 13일
선조 도착

⑧ 6월 7일
선조 도착

② 4월 15일
동래성 전투
송상현이 맞섰으나 반나절만에 성 함락

⑥ 5월 1일
선조 도착

⑤ 4월 30일
선조 출발

① 4월 14일
부산진성 전투
정발이 맞섰으나 네 시간 만에 대패

↑ 일본군의 보급 계획

왜일까요?

도요토미 히데요시는 임진왜란을 일으킬 때 이런 계획을 세웠어요.

"먼저 육군이 육지를 빠르게 치고 올라가 거점을 만든 뒤, 수군이 그 거점으로 바다를 이용해 무기와 식량 등을 보급해서 계속 북상한다!"

즉, 육군이 한양까지 빠르게 치고 가면, 수군이 바다를 이용해 한양으로 보급을 한다는 계획이에요.

**HTX VIP 보태기**

**일본군이 바다를 이용해 무기와 식량 등을 보급하려고 한 이유**
거리상으로 보면, 바다를 이용하는 게 멀리 돌아가는 것처럼 보일 수 있어요. 그러나 당시는 16세기 조선! 지금처럼 도로가 정비되지 않았고, 운송 수단에도 한계가 있었어요. 육지를 보급로로 선택할 경우, 쌀 1천 석을 부산에서 한양까지 옮기려면 말 500여 마리가 필요해요. 그런데 바다로 이동하면 배 한두 척이면 충분했어요. 당연히 바다를 이용해야 되겠죠?

이 계획은 한양을 점령할 때까지만 해도 성공적이었어요. 그런데 바다를 이용해 무기와 식량 등을 보급할 길이 막히면서 문제가 생겼어요. 왜 보급로가 막혔을까요? 그건 바로 조선의 바다를 든든하게 지키는 이순신 때문이었어요.

　육지에서는 조선 육군이 연전 연패를 했지만, 바다에서는 이순신이 이끄는 조선 수군이 일방적인 승리를 거두고 있었어요. 이순신의 뛰어난 전략에 가로막혀 일본의 수군은 발이 묶였죠. 무기, 식량 등이 보급되지 않으니 일본군의 계획은 틀어졌고, 이어지는 전투들에 큰 차질이 생겼죠.

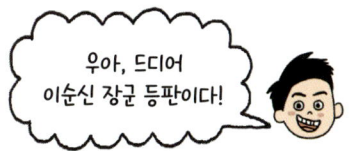

　이순신의 활약에 임진왜란 발발 20일 만에 한양을 점령하며 북상하던 일본군의 속도는 눈에 띄게 느려지기 시작했어요. 허둥지둥 피란을 떠났던 선조는 한숨을 돌릴 수 있게 됐고, 수세에 몰렸던 조선의 숨통이 트였어요. 이순신은 순식간에 조선을 구한 영웅으로 떠올랐어요.

**2장**

임진왜란의 영웅, 이순신

# 이순신의 등장과 위기

- 현충사? 어디서 많이 들어 봤는데.
- 이순신이 무과 급제 전까지 살던 곳이야!
- 맞아요. 역시 한국사 마니아 마이클!

우리는 지금 1576년 충남 아산에 왔어요. 이곳은 당시 이순신이 살았던 집인데, 1706년에 이순신을 기리는 사당을 세우고 '현충사'라고 부르게 됐지요. 이순신은 이곳에서 과거에 급제하는 1576년까지 살았어요. 이후에는 다른 지역으로 가 벼슬살이를 했죠.

이순신은 1545년 4월 28일, 서울 건청동에서 태어났어요. 어릴 적 이순신은 골목대장이었고, 무과에 급제했지만 순탄하지 않은 벼슬살이를 했어요. 그러다 임진왜란이 터지기 1년 전인 1591년 수군 지휘관이 되고, 임진왜란의 영웅으로 떠올라요. 이순신은 어떤 사람이고 어떻게 전쟁 영웅이 되었는지 따라가 볼까요?

## 골목대장이었던 이순신

이순신의 집안은 대대로 높은 벼슬을 지낸 명문가였어요. 하지만 이순신의 아버지는 벼슬에 뜻을 두지 않았어요. 조정에 나가 정치 싸움을 하기보다 조용히 선비로 살기를 원했거든요.

사 형제 가운데 셋째였던 이순신은 어머니에게 따뜻한 사랑을 받으며 자랐어요. 이순신이 어린 시절을 보낸 서울 건청동에는 친구처럼 지냈던 형이 있었어요. 바로 유성룡이에요. 훗날 우리에게 임진왜란에 대한 여러 사실을 알게 해 주는 〈징비록〉을 쓴 문신이죠.

**유성룡**
문장, 서예, 덕행으로 이름을 떨친 문신. 이순신, 권율 등을 등용해 임진왜란을 이겨 낸 일등공신으로 꼽힌다.

유성룡은 〈징비록〉에서 이순신에 대해 이렇게 기록했어요.

"이순신은 어린 시절 얼굴 모양이 뛰어나고 기풍이 있었으며, 남한테 구속받으려 하지 않았다. 다른 아이들과 모여 놀 때면 나무를 깎아 화살을 만들어 전쟁놀이를 하였으며, 자기 뜻에 맞지 않는 자가 있으면 그 눈을 쏘려고 하여 어른들도 꺼려 감히 이순신의 문 앞에 지나려 하지 않았다. 또 자라면서 활을 잘 쏘았으며 무과에 급제하려고 마음을 먹었다. 또 말타기와 활쏘기를 좋아하였으며 더욱이 글씨를 잘 썼다."

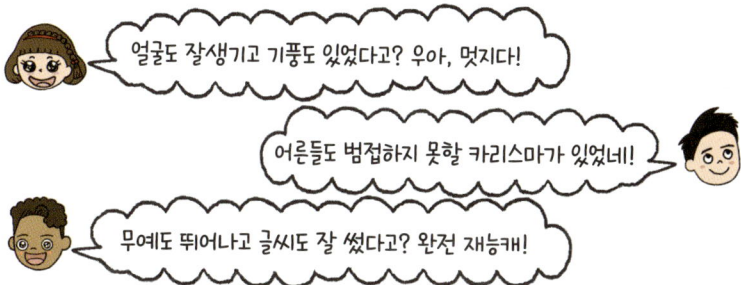

유성룡의 말처럼 이순신은 어릴 때부터 용맹하고 머리도 좋았어요. 동네 아이들끼리 전쟁놀이를 할 때면 늘 대장을 했지요. 하지만 유성룡은 이순신이 좀 걱정이 됐어요. 자신처럼 이순신이 책도 읽고 글공부를 했으면 좋겠다고 생각했거든요. 그래서 하루는 이순신에게 이렇게 말했어요.

"순신아, 전쟁놀이도 좋지만 글공부도 좀 해 봐. 〈논어〉, 〈맹자〉 같은 책도 읽고 말이야."

"형, 걱정 마! 그 책들은 이미 다 읽었어. 사서 삼경도 다 읽은 지 오래야."

유성룡은 전쟁놀이에만 빠진 줄 알았던 이순신이 책을 다 읽었단 말에 깜짝 놀랐어요. 이순신은 학문을 익히는 데도 열심이었던 거예요.

이순신이 건청동에서 전쟁놀이를 하며 즐겁게 보내던 시절은

길지 않았어요. 벼슬에 뜻이 없던 아버지가 서울을 떠나 이순신의 외가가 있는 아산으로 이사를 가기로 했거든요.

이순신은 유성룡과 헤어지게 돼 슬펐어요. 세 살 많은 형이지만 세상에 둘도 없는 단짝이었거든요. 둘은 손을 굳게 맞잡고 훌륭한 어른이 돼 다시 만나자고 약속했어요.

## 무과 급제와 험난한 벼슬길

아산에 터를 잡은 이순신은 스무 살이 되던 해 결혼을 했어요. 부인의 아버지는 전라도 보성 군수를 지낸 무신으로, 활쏘기와 말타기에 뛰어났어요. 이때부터 이순신은 장인으로부터 가르침을 받으며 본격적으로 무과 시험을 준비했어요.

이순신은 그전에 사실 문과 과거를 준비했었어요. 집안에 문신이 많아서 자연스럽게 문신이 되고자 했고, 당시는 무신보다 문신을 더 우대하던 시기였거든요.

1572년, 스물여덟 살이 된 이순신은 무과 시험을 보러 갔어요. 그런데 이게 웬일인가요? 잘 달리던 말이 갑자기 고꾸라진 거예요. 그 바람에 말에서 떨어진 이순신은 왼발을 다쳤고, 시험에 떨어지고 말아요.

> 원숭이도 나무에서 떨어질 때가 있는데, 이순신이 그랬네.

적지 않은 나이에 무과 시험을 보았던 이순신은 실망했어요. 다시 과거를 보려면 4년이나 기다려야 했지만 이순신은 포기하지 않았어요. 계속 무예를 갈고닦아 1576년 드디어 시험에 합격했어요.

무과 급제 후, 이순신의 벼슬길은 순탄하지 않았어요. 유성룡이 〈징비록〉에 쓴 것처럼 이순신은 남에게 구속받는 걸 싫어하며 올곧고 강직한 면이 있었어요. 자기 뜻과 다르면 옳고 그름을 따지는 성격이었던 거죠. 이런 성격을 윗사람들이 좋게 받아 줄 리 있나요? 이순신은 눈엣가시가 되어 변방을 지키거나 작은 고을 수령을 했어요.

그렇게 15년여 지난 1591년 2월, 이순신이 정읍 수령을 하고 있을 때였어요. 선조가 이순신을 전라좌도 수군 절도사로 임명했어요. 모두가 놀랄 만한 파격적인 승진이었어요. 무려 일곱 계단을 건너뛴 것으로, 오늘날로 치면 육군 대위가 해군 제독이 되는 것과 같았어요. 어떻게 이런 일이 가능했을까요? 바로 이순신의 어릴 적 단짝, 유성룡이 추천했기 때문이에요.

> **수군 절도사**
> 조선 시대에 수군의 기지인 수영에서 군함을 만들고 군사들을 지휘·감독하는 사령관.

"전하, 지금 일본이 심상치 않습니다. 평화롭게 보이지만 언제 조선을 침략할지 모르옵니다. 국방을 튼튼히 할 수 있는 인재를 등용하시옵소서."

유성룡은 이순신과 했던 약속대로 훌륭한 학자가 되었고, 우의정 자리에

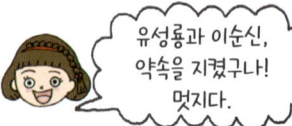

유성룡과 이순신, 약속을 지켰구나! 멋지다.

올랐어요. 그리고 선조에게 조선을 튼튼히 지킬 인재로 이순신을 추천했던 거예요. 이때 이순신은 마흔일곱 살, 유성룡은 쉰 살이었어요.

　전라좌도 수군 절도사가 된 이순신은 전남 여수로 향했어요. 여수에 전라좌도 수군의 기지인 전라 좌수영이 있었거든요. 여수에 온 이순신은 흉흉한 소문을 들었어요. 머잖아 일본이 쳐들어올 거라는 소문이었죠.

　이순신은 묵묵히 전쟁을 대비했어요. 성을 쌓고, 화포를 만들고, 군사들을 훈련시키고, 군함을 만드는 일을 시작한 거예요. 그리고 1년 뒤, 소문은 사실이 되어 조선은 큰 전쟁을 치르게 되었지요.

## 백전백승 이순신의 등장과 한산대첩

 이순신은 일본군이 쳐들어왔다는 소식을 4월 15일 밤에 들었어요. 일본군이 부산 앞바다에 나타난 날이 4월 14일이니, 이틀 뒤에 들은 거예요. 소식을 전한 사람은 경상우도 수군 절도사 원균이었어요.

 원균은 경상우도 좌군이 일본군에 궤멸당하자 급하게 전투에 나가야 하는 상황이었어요. 하지만 군사들이 일본군의 규모와 기세에 겁먹고 대부분 흩어져 버렸죠. 전투에 나서도 질 게 뻔하자 원균은 남아 있는 군사들을 데리고 후퇴하기 바빴어요. 그러면서 조정에 지원군이 필요하다고 알리고, 전라좌도 수군 절도사인 이순신에게 지원을 요청한 것이었지요.

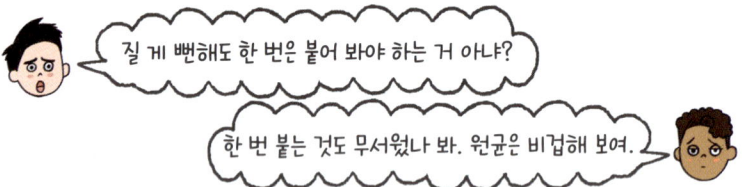

 이순신은 지원이 필요하다는 얘기를 들었지만 당장 출동할 수 없었어요. 이순신은 전라좌도 수군 절도사라고 했었죠? 이순신이 지켜야 하는 영역은 여수를 중심으로 하는 전라도 남해안 동쪽이었어요. 선조의 명령이 있기 전까지는 여수를 떠나서는 안 됐죠.

드디어 선조의 출전 명령이 내려졌어요. 이순신은 여수에서 전선 25척을 이끌고 출동해 5월 6일 원균과 합세했어요. 원균의 전선은 4척뿐이어서 이순신의 전선이 주축이 됐지요.

↑ 조선 전기 수군의 위치

하지만 이때는 거북선이 없었어요. 거북선은 임진왜란 터지기 바로 전 날에야 완성되어서 실전에 투입하기 어려웠거든요.

"우르르 쾅쾅!"

이순신은 옥포에서 일본군의 배 30여 척을 크게 격파했어요. 그리고 달아나는 일본군을 추격해 합포 앞바다에서 다섯 척을 불태웠어요. 두 전투 모두 우리 편의 피해는 전혀 없이 이뤄 낸 승리였지요. 다음 날에는 적진포에서 전투를 벌여 일본군의 배 10여 척을 물리쳤어요. 첫 출정에서 옥포해전, 합포해전, 적진포해전까지 모두 승리를 한 거예요.

이순신이 이뤄 낸 첫 출전의 승리는 조선 육군과 수군을 통틀어 일본군과의 전투에서 거둔 승리였어요. 절망에 빠져 있던 조

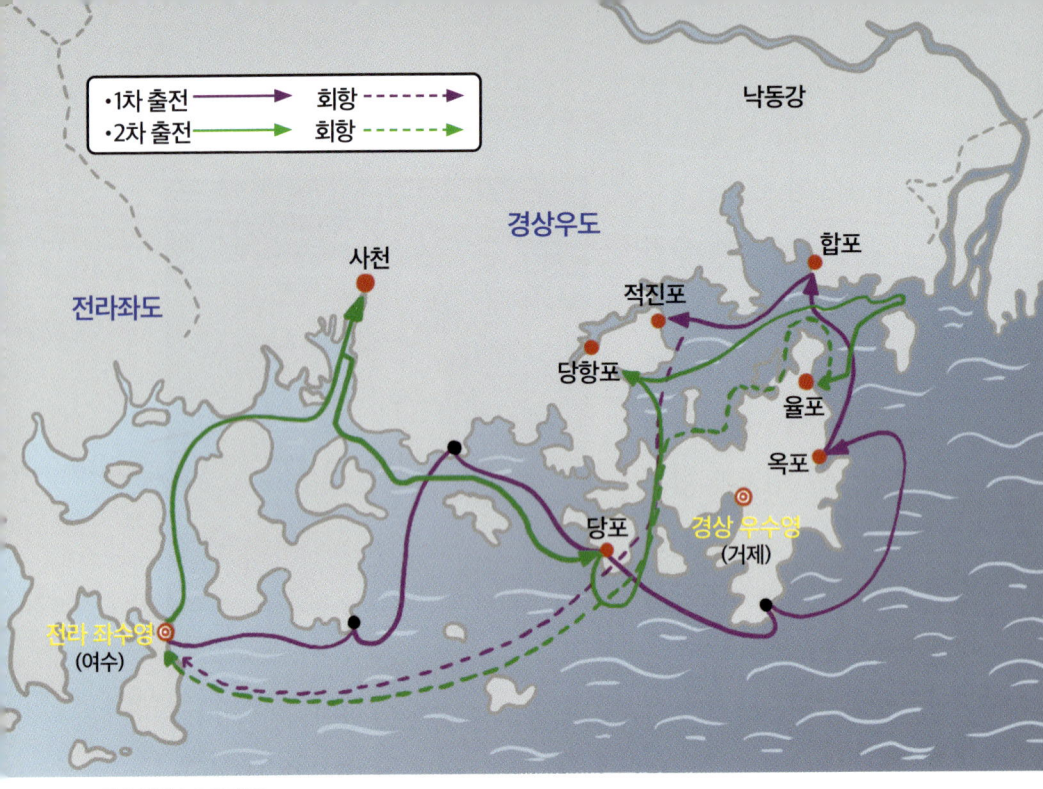

↑ 이순신의 1, 2차 출전

선에 한 줄기 빛이 들기 시작했죠.

　5월 29일, 이순신은 두 번째 출전을 했어요. 이때 조선 수군의 맨 앞에는 거북선이 있었어요. 드디어 거북선이 실전에 쓰이기 시작한 것이지요.

　사천 앞바다에 처음으로 모습을 드러낸 거북선은 위력적이었어요. 거북선 앞부분의 용 머리, 뒷부분의 꼬리 밑, 좌우 옆면에 낸 구멍으로 포를 쏘니, 일본군은 깜짝 놀랐죠. 거북선의 상판은 쇠못을 박아 놓아 일본군이 조총을 쏘아도 타격을 입지 않았어요. 또 군사들이 직접 싸우기 위해 배를 붙여도 쇠못 때문에 거북선 위에 뛰어오를 수 없었어요.

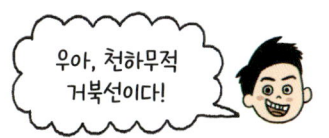

　이순신은 거북선을 앞세워 사천, 당포, 당항포, 율포에서 모두 승리를 거뒀어요. 그러자 일본군은 당황했어요. 도요토미 히데요시는 바다를 이용해 무기와 식량 등을 보급할 계획을 세웠다고 했죠? 이순신 때문에 이 계획이 어그러졌어요. 도요토미 히데요시는 자신의 계획을 망치고 있는 이순신을 쓰러뜨리고, 보급로를 확보하기 위해 급하게 정예 부대를 파견했어요.

↓ 거북선

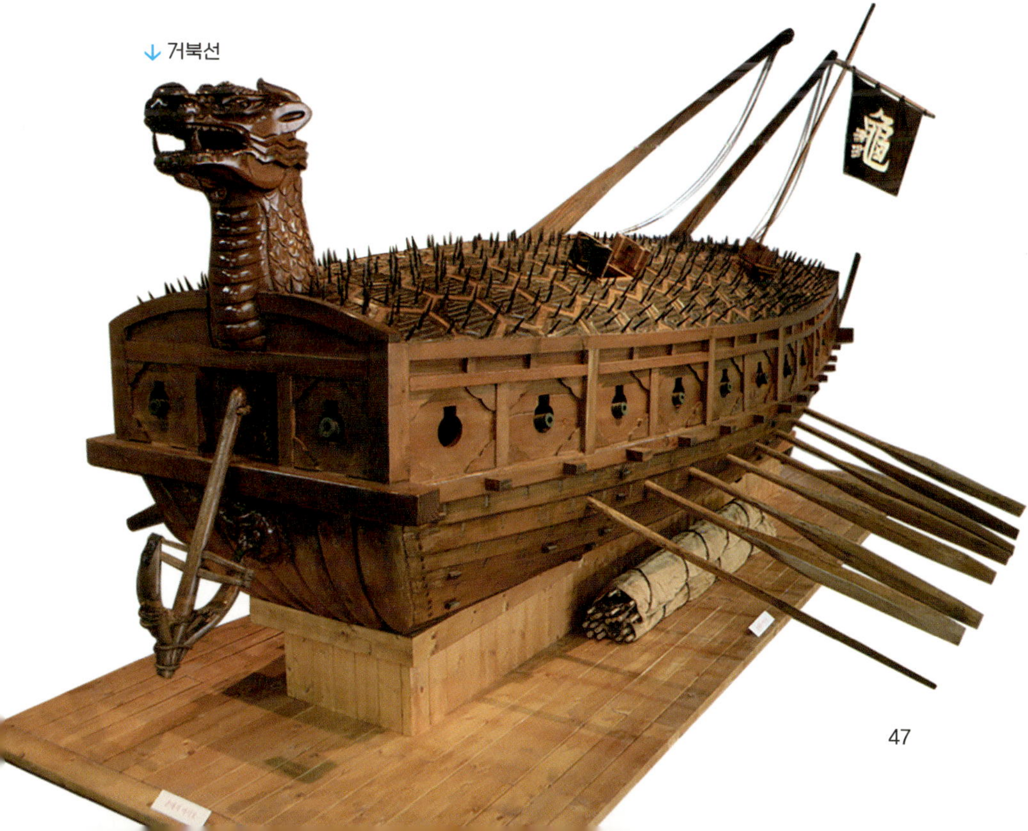

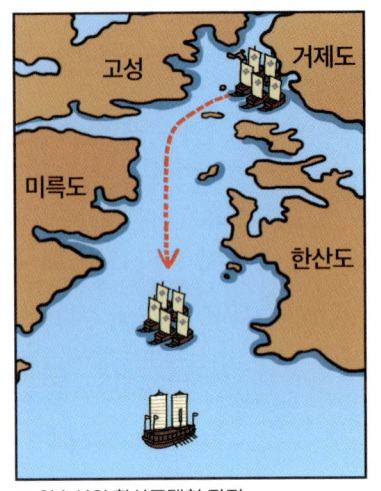
↑ 이순신의 한산도대첩 작전

1592년 7월 7일, 거제도와 고성 사이에 있는 견내량이라는 해협에 일본군의 배 70여 척이 모여들었어요. 견내량은 굉장히 좁고 암초가 많아 전투하기에 좋지 않았어요. 그런데도 일본군이 이곳에 온 이유는 작은 섬들이 많아 싸움이 불리해졌을 때 숨기 좋았기 때문이에요. 이순신에게 연이어 패배를 당했기에 지는 경우를 염두에 둔 것이었죠.

이순신은 일본군의 속셈을 알아차리고 꾀를 냈어요. 7월 8일, 배 대여섯 척을 견내량 쪽으로 보냈어요. 조선 수군이 공격하는 척하다가 후퇴하자 일본군이 쫓아왔어요. 그렇게 일본군의 배들이 한산도 넓은 바다로 나오자 이순신이 우렁차게 소리쳤어요.

"학익진을 펼쳐라!"

학 학(鶴), 날개 익(翼), 줄 진(陣), 학익진! 이순신의 명령에 한산도 좌우 섬에 숨어 있던 조선 수군의 군함들이 몰려나와 학이 날개를 펼쳐 나는 듯한 모양을 만들었어요.

**HTX VIP 한국사 보태기**

## 한산대첩 승리의 비결, 학익진

이순신은 견내량에서 전투를 준비하던 일본군을 한산도 앞바다로 끌어낸 뒤 학익진을 펼쳤어요. 학익진은 어떤 전법이고, 어떻게 일본군 배들을 격파했는지 알아보아요.

견내량에 있던 일본군은 조선 수군의 배 대여섯 척을 쫓아 한산도 앞바다로 나왔어요. 일본군은 조선의 군함들이 더 있는 걸 보았지만 물러나지 않았어요. 조선 수군과 한판 붙겠다는 거였죠.

그때였어요. 갑자기 바다에 징소리가 울렸어요. 그러자 일본군이 쫓아왔던 대여섯 척은 속도를 줄이고 한산도 앞바다에 있던 군함들은 속도를 내어 앞으로 나오며 대여섯 척을 품에 안았어요.

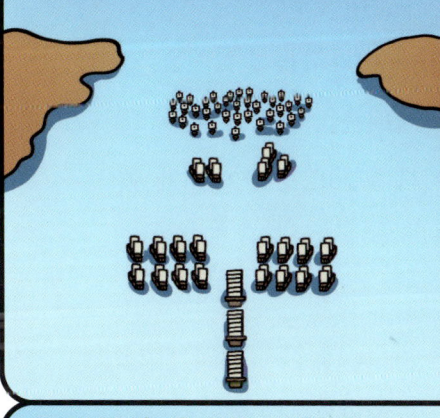

그러고는 간격을 맞춰 양옆의 군함들은 앞으로 나오고, 중앙의 군함들은 물러나더니 학이 날개를 펼친 듯한 모양을 만들어 나갔어요.

조선의 군함들이 순식간에 일본군의 배들을 에워쌌어요. 그리고 일제히 포를 쏘아 일본군의 배들을 모두 격침시켰어요. 이로써 조선 수군은 대승리를 거뒀어요.

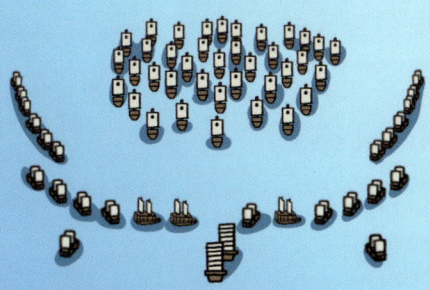
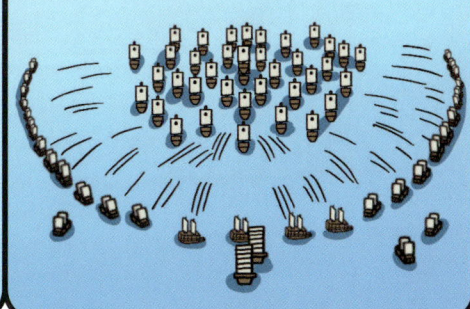

일본군의 배들은 완전히 포위된 채로 조선 수군의 무차별 포격을 받았어요. 일본군의 배 60여 척은 순식간에 격파당했고, 10여 척은 간신히 도망쳤어요. 이 해전이 임진왜란 3대 대첩 중 하나인 한산대첩이에요.

이순신은 한산대첩에서 승리한 후에도 계속 일본군을 뒤쫓았어요. 그 결과 3일 만에 100여 척에 달하는 일본군의 배들을 격파했어요. 역사상 유례없는 조선 수군의 승리였죠.

한산대첩으로 일본 수군은 어마어마한 타격을 받았어요. 그리고 이후 벌어진 해전에서도 모두 패배를 당했지요. 결국 도요토미 히데요시는 일본 수군에게 특별한 명령을 내리게 됩니다. 여기서 퀴즈!

Q 한산대첩 이후 이순신을 견제하기 위해 도요토미 히데요시가 일본 수군에게 내린 명령은 무엇일까요?

부산진성을 공격했을 때처럼 새벽에 기습을 하라고 명령을 내렸을 것 같아요.

이순신한테는 기습도 소용 없었어요. 한산대첩 이후 일본군이 모든 전투에서 패했다는 걸 보면 알 수 있죠.

전투를 해서는 이길 수 없으니까 암살대를 조직해서 이순신을 암살하라고 명령했을까요?

암살을 위해 미인계를 썼을 수도 있겠다. 드라마 보면, 미인계에 넘어가서 전쟁을 망친 장군들이 꽤 있거든.

내가 존경하는 위인 이순신은 미인계에 넘어갈 사람이 절대 아냐. 그런 건 안 통하지!

이런 일이 있으면 절대 안 되지만, 혹시 가족을 납치해서 위협하는 거?

으……. 그건 생각만 해도 끔찍해. 가족은 건드리는 게 아니잖아. 그리고 일본군이 이순신의 가족이 누구인지 알까? 그걸 알아야 납치를 하지.

쌤, 그냥 포기한 것 아닐까요? 어떻게 해도 이길 수가 없으니까 전투를 아예 안 했을 것 같아요.

정답! 해전에서 이순신의 상대가 되지 않는다는 걸 깨달은 도요토미 히데요시는 해전 금지령을 내렸어요. "조선 수군과 싸우지 마라. 다만 바닷가에 성을 쌓아 지키면서 보급로만 유지하라." 이게 도요토미 히데요시의 명령이었어요. 일본군들에게 이순신이란 존재가 거대한 두려움으로 새겨지는 순간이었죠.

## 삼도 수군 통제사가 된 이순신

이제 이순신은 조선의 영웅으로 떠올랐어요. 위기에 빠졌던 조선은 희망을 얻었죠. 6월 이후 전국에서 봉기해 일본군에 맞서고 있던 의병들은 더욱 힘을 냈고, 연이은 패배로 전의를 잃었던 조선 육군도 다시 일어났어요. 의병과 조선 육군이 함께 작전을 펼치며 활약하기 시작한 거예요.

일본군은 부산진성을 시작으로 경상도 성들을 휩쓸며 한양으로 북상했었죠? 그런데 바다에서 이순신에게 연전연패해 보급이 안 되자 전라도로 눈을 돌렸어요. 전라도에서 식량을 확보하려는 셈이었죠. 10월 5일, 일본군은 전라도에 진입하는 관문인 진주성을 공격하기 시작했어요.

진주성은 진주를 책임지는 지방관이자 경상우도 육군을 지휘하는 사령관인 김시민과 의병장 곽재우가 지키고 있었어요. 일본군의 공격 엿새째, 3천 명밖에 되지 않았던 관군과 의병은 3만 명의 일본군을 물리치는 대승리를 거뒀어요. 이 전투가 바로 '진주 대첩'이에요. 진주 대첩의 패배로 전라도를 장악하려던 일본군의 계획은 물거품이 되었죠.

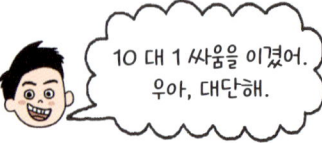

1593년 1월에는 선조의 요청을 받은

↑ 진주 대첩

명이 지원군을 보냈어요. 명은 일본군이 조선을 차지하고 자기네 땅으로 쳐들어오는 것을 막기 위해 참전했어요. 조선군과 명군은 힘을 합쳐 평양성을 탈환했어요. 그리고 2월 12일, 후퇴하는 일본군과 경기도 고양의 행주산성에서 전투를 벌였어요.

행주산성에서 전라도를 책임지는 지방관 권율과 승병장*처영은 일본군과 세 번을 싸워 세 번 모두 이겼어요. 관군과 승병, 백성들까지 힘을 합쳐 일궈 낸 대승리였죠. 이 전투를 '행주대첩'이라고 해요.

> **승병장**
> 승려들로 이뤄진 군대인 승병을 이끄는 지도자.

행주대첩 때는 여성들도 힘을 합쳤어요. 여성들은 긴 치마를 잘라 짧게 만들어 입고 돌을 날라 일본군에 큰 피해를 주었죠. '행주치마'라는 이름은 여기서 유래했답니다.

진주 대첩, 행주대첩은 한산대첩과 더불어 임진왜란 3대첩으로 불린답니다. 세 번의 전투 승리로 임진왜란의 전세는 뒤집히기 시작했어요.

1593년 8월, 선조는 한산대첩 등에서 세운 공을 인정해 이순신을 삼도 수군 통제사로 임명했어요. 삼도 수군 통제사는 충청도, 전라도, 경상도 등 삼도의 수군을 통솔하는 벼슬이에요. 이순신이 조선 수군의 총사령관이 된 거예요. 바다는 이순신이 지키고, 육지에서는 조선 관군과 의병, 명군까지 합세해 반격하니 일본군은 주춤했어요. 선조는 10월에 한양으로 돌아왔고, 일본군은 명에게 휴전 협상을 하자고 했어요. 조선을 침략한 이유가 명을 치기 위해서였으니, 두 나라가 테이블에 앉은 거였지요. 하지만 협상은 지지부진했고, 일본군과의 크고 작은 싸움은

조선을 구했으니, 당연한 결과지.

조선 땅 곳곳에서 계속됐어요.

그러던 1596년 6월이었어요. 선조가 신하들에게 이런 말을 했어요.

"이순신은 처음에는 힘껏 싸웠으나 그 뒤에는 작은 적일지라도 잡는데 성실하지 않았고 또 군사를 일으켜 적을 토벌하는 일이 없으므로 내가 늘 의심하였다."

도대체 이게 무슨 말일까요? 선조는 왜 이순신이 일본군을 잡는 데 성실하지 않다고 생각했을까요?

그건 임진왜란 초기 1년 이후, 이순신이 치른 전투가 별로 없어서예요. 그런데 이건 이순신이 전투를 피해서가 아니었어요. 한산대첩 후, 도요토미 히데요시가 해전 금지령을 내렸잖아요. 이순신은 싸우고 싶어도 싸울 수가 없는 상황이었어요.

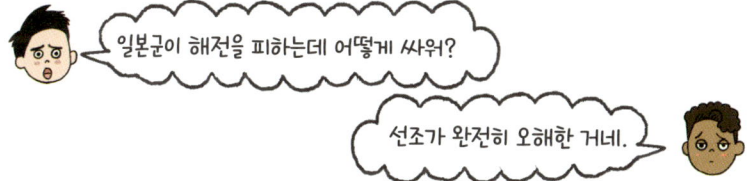

이순신은 자신의 사정을 선조에게 알렸지만, 선조는 귀담아 듣지 않았어요. 선조는 이순신이 핑계를 대며 일본군과 싸우라는 자신의 명령을 듣지 않는다고 괘씸하게 여겼어요.

## 영웅 이순신에게 닥친 위기

1597년 초 어느 날, 조선 조정에 솔깃한 첩보가 들어왔어요. 당시 일본군을 이끄는 장수 중에 가토와 고니시라는 자가 있었어요. 두 사람은 앙숙이었는데, 고니시가 이런 말을 했다는 거예요.

"가토가 군대를 끌고 곧 바다에 나갈 예정이니 그때 공격하시오."

고니시는 전쟁을 원하지 않아서 조선이 가토를 치길 바란다는 거였지요. 조선 조정은 이 첩보가 믿을 만한 것인지 고민했어요. 선조는 고니시와 가토가 서로 공을 세우려 경쟁하고, 서로를 깎아내리려 하는 관계라는 걸 알았어요. 그래서 고니시의 말에 신빙성이 있다고 판단했어요. 선조는 이순신에게 명령을 내렸어요.

"부산 앞바다로 오는 가토를 물리쳐라!"

출전 명령을 받은 이순신은 어떻게 했

> 이순신, 왕명을 거역하다니, 용서할 수 없다.

을까요? 이순신은 적에게서 나온 첩보를 곧이곧대로 믿을 수 없었어요.

"첩보를 믿고 섣불리 전투에 나섰다가는 우리 수군이 큰 피해를 볼 수 있어. 첩보가 사실인지 좀더 알아봐야겠어."

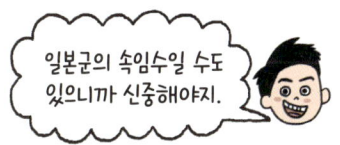

이순신은 출전에 앞서 먼저 상황을 파악하려고 했어요. 그런데 이미 왕명이 떨어진 상황이잖아요. 왕명을 따르지 않으면 어떻게 될까요? 파직이 되거나 어쩌면 목숨을 잃을 수도 있어요. 그래도 이순신은 신중했어요. 모든 상황을 살핀 뒤, 전략적인 판단을 내려 조선의 바다를 지키고 싶었거든요.

이순신이 당장 출전하지 않자 선조는 화가 났어요. 안 그래도 이순신이 괘씸했는데, 왕명을 따르지 않는 걸 보니 더 이상 참을 수 없었던 거예요.

"당장 이순신을 잡아들여라!"

1597년 2월 26일, 이순신은

한양에 있는 의금부로 끌려갔어요. 사실 이때 이순신은 모든 상황을 파악하고 전략을 세운 뒤, 출전을 준비하고 있었어요. 하지만 너무 늦었죠. 이순신은 이 상황을 담담하게 받아들였어요.

이순신이 의금부 감옥에 갇혀 있는 동안 조정에서는 이순신을 처벌하는 문제를 두고 옥신각신했어요. 왕명을 어긴 이순신을 사형시켜야 한다는 신하도 있었고, 죄는 크나 공이 크고 일본군이 이순신을 무서워하니 앞날을 위해 살려 주어야 한다는 신하도 있었지요.

선조는 처음에 이순신을 사형시키려 했어요. 하지만 전쟁이 아직 끝나지 않았잖아요. 이순신만 한 무신이 없는 상황에서 그럴 수 없었지요. 선조는 마지못해 이순신을 살려 주었어요.

1597년 4월 1일, 이순신은 감옥에 갇힌 지 28일 만에 풀려 났어요. 그날 하늘은 구름 한 점

없이 맑았어요. 나라를 지키다 죄인이 되어 옥살이를 하고 나온 이순신의 마음과 너무나 다른 날씨였지요.

사형을 피한 이순신은 바다로 돌아가고 싶었어요. 하지만 그러지 못했어요. 감옥에서 풀려 났을 뿐, 여전히 죄인이었거든요. 선조는 이순신에게 '백의종군'이라는 벌을 내렸어요.

### HTX VIP 보태기

**백의종군**
백의송군은 흰 백(白), 옷 의(衣), 쫓을 종(從), 군사 군(軍)으로, 흰 옷을 입고 군대를 따라 간다는 뜻이에요. 여기서 흰 옷은 진짜 흰 옷을 입는다는 게 아니라 관복을 입지 않은 것을 말해요. 그러니까 관직이 없는 평범한 군사가 되었다는 걸 의미하지요. 백의종군은 관직 없이 전쟁터에 나가 공을 세워 스스로 죄를 만회할 기회를 주는 처벌이었던 거예요.

이순신은 백의종군을 하기 위해 한양에서 한참 떨어진 경상도로 갔어요. 합천에 행주대첩을 승리로 이끈 공으로 도원수가 된 권율이 있었거든요. 이순신은 권율 밑에서 작전권도 지휘권도 없는 보좌관으로 공을 세울 때까지 있어야 했어요.

**도원수**
조선 육군과 수군을 아우르는 전군 총사령관.

임진왜란의 영웅, 이순신

# 명량대첩과 노량해전

우리는 지금 1597년 9월 16일에 왔어요. 이곳은 이순신이 선조에게 "신에게는 아직 열두 척의 배가 있습니다!"라고 외친 뒤 나갔던 전투, 바로 명량대첩이 벌어졌던 전라남도 해남 울둘목이에요.

의금부에서 풀려나 권율 밑에서 백의종군을 시작했던 이순신! 시간이 흘러 1597년 7월, 이순신한테 충격적인 소식이 전해졌어요. 조선의 수군이 또다시 쳐들어온 일본군에게 큰 패배를 당했다는 소식이었지요. 이순신이 백의종군을 하는 동안 조선 수군에 대체 무슨 일이 있었던 걸까요?

↓ 해남 명량대첩비

## 칠천량해전

　도요토미 히데요시는 명과 휴전 협상이 결렬되자 1597년 6월 다시 전쟁을 일으켰어요. 1587년 정유년에 난을 다시 일으켰다 해서 이를 '정유재란'이라고 해요.
　이때는 이순신이 백의종군을 할 때로, 바다로 들어올 일본군의 입장에서는 절호의 기회였지요. 그렇다면, 이순신이 물러난 뒤 삼도 수군 통제사는 누가 하고 있었을까요? 바로 원균이에요.
　원균은 이순신보다 다섯 살이 많고, 무과 급제는 10년 빨리 했어요. 그런데도 이순신이 자기보다 높은 상관이 되자 원균은 못마땅했어요. 그래서 시시때때로 이순신을 모함했지요.
　"이순신은 머뭇거리며 전투에 나가는 걸 꺼립니다. 그러면서도 '바다의 왕' 노릇을 하고 있습지요."

이순신이 '바다의 왕'이래.

정말?

뭐야? 이순신이 감히….

원균의 말은 선조의 귀에도 들어갔을 거예요. 선조는 이순신을 더욱더 괘씸하게 여겼고, 결국 가토를 물리치라는 왕명을 따르지 않았다는 이유로 백의종군의 처벌을 내렸죠. 이순신을 괘씸하게 여겼던 선조, 원균에 대해서는 어떻게 생각했을까요?

"원균은 나랏일을 위해 죽음도 두려워하지 않는다."

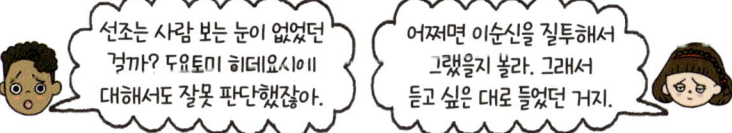

선조는 원균을 이렇게 후하게 평가했고, 삼도 수군 통제사의 자리에 앉혔어요. 선조의 평가만큼 원균은 조선 수군을 잘 지휘했을까요?

선조는 정유재란이 시작되자 원균에게도 부산 앞바다에 있는 일본군을 공격하라는 명령을 내렸어요. 원균은 자신만만하게 부산 앞바다에 갔어요. 하지만 곧 이순신이 그랬던 것처럼 섣불리 해전에 나섰다가는 큰일 나겠다는 생각을 하게 돼요. 그러나 이미 자신이 한 말이 있었어요. 이순신은 전투를 꺼리지만, 자신은 전투를 피하지 않는다고요. 원균은 울며 겨자 먹기로 해전에 나섰어요.

↑ 칠천량해전이 있었던 거제 영등진

1597년 7월 16일, 원균은 거북선을 포함해 삼도 수군의 군함 160여 척을 모두 이끌고 부산으로 향했어요. 당시 정유재란을 시작한 일본군은 이순신이 없는 때에 반드시 해전에서 이기고 조선 땅을 차지하려 했어요. 수군뿐 아니라 육군까지 함께하는 작전을 세우고 전투를 치를 준비를 철저하게 했죠.

원균은 이런 일본군의 상황을 제대로 알지 못했어요. 원균은 부산 가덕도를 지나다 일본군에게 한차례 기습을 받았고, 거제 칠천량으로 가서 한숨을 돌리다 또 한 번 일본군의 기습을 받았어요.

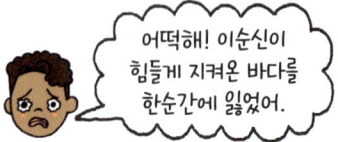
어떡해! 이순신이 힘들게 지켜온 바다를 한순간에 잃었어.

원균은 계획적으로 기습한 일본군을 당해낼 수 없었어요. 원균은 자신이 말했던 대로 전투를 피하지 않았지만,

일본군에 맞설 지략은 부족했던 거예요. 조선 수군의 군함들은 대부분 불타 버렸고, 원균의 지휘를 받던 장수와 군사들은 일본군과 싸우다 목숨을 잃었어요. 원균도 달아나다가 결국 일본군의 손에 잡혀 죽임을 당했지요. 이 해전이 바로 조선 수군 역사상 최악의 패배로 기록된 칠천량해전이에요.

일본이 그토록 무서워했던 조선 수군이 칠천량해전의 패배 한 번으로 무너졌어요. 일본군은 이 해전의 승리로 남해안을 손에 넣었죠. 그동안 이순신에게 꽉 막혀 갈 수 없었던 서해로 이제 나아갈 수 있게 된 거예요.

이순신은 백의종군 중에 칠천량해전의 소식을 들었어요. 해전 패배로 이순신이 힘들게 세운 조선 수군이 엉망이 됐다는 얘기도 들었지요. 무엇보다 슬픈 건 수년간 함께 훈련하고 전투를 치렀던 군사 수천 명이 목숨을 잃은 거였어요. 이순신은 터져 나오는 울음을 참지 못했어요.

"우리나라에 믿음직한 것은 수군뿐인데, 희망이 없어지니 간담이 찢어지는구나!"

이럴 수가! 내 목숨과 같은 수군과 배를 잃다니!

## 다시 삼도 수군 통제사가 된 이순신

칠천량해전의 대패로 조선의 바다는 결국 일본군의 손에 넘어가고 말았어요. 기세등등해진 일본군은 육지로 들어오기 시작했고 조선에 다시 위기가 닥쳤어요. 다급해진 선조는 이순신한테 편지를 보냈어요. 편지에는 이렇게 적혀 있었어요.

> 무슨 할 말이 있으리오, 무슨 할 말이 있으리오.
> 그대의 직함을 빼앗고 백의종군하게 한 것은
> 이 사람이 어질지 못함에서 생긴 일이며,
> 오늘과 같은 전투의 대패를 가져온 것이니
> 무슨 할 말이 있으리오.
> 다시 삼도 수군 통제사가 되어
> 나라를 구하길 바라는 임금의 소망을
> 이루어 주길 바라오.

선조는 '무슨 할 말이 있으리오.'란 말을 세 번이나 쓸 정도로 모든 것을 자신의 탓으로 돌렸어요. 그러고는 이순신을 다시 삼도 수군 통제사로 임명한다고 했지요. 자신이 벼슬을 뺏었던 일을 후회한다며 한껏 낮은 자세로 다시

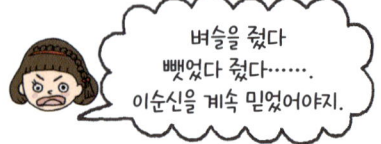

벼슬을 줬다 뺏었다 줬다……. 이순신을 계속 믿었어야지.

맡아 달라고 부탁하고 있는 거예요.

사실 이런 편지를 쓴다는 건 왕으로서 쉽지 않은 일이에요. 하지만 어쩌겠어요? 일본군은 쳐들어오고 있고, 이순신 말고는 일본군을 확실히 막을 수 있는 사람이 없잖아요. 그러니 이순신에게 빼앗았던 벼슬을 다시 줄 수밖에요.

 **HTX VIP 보태기**

**선조가 낮은 자세로 이순신에게 편지를 쓴 까닭**
선조가 이순신에게 백의종군의 명령을 내렸던 것을 미안해한 것도 있지만, 무엇보다 당시 이순신이 어머니의 장례를 치르고 있었기 때문이에요. 조선 시대에 양반들은 부모님이 돌아가시면 3년 동안 벼슬에서 물러나 장례를 치러야 했어요. '효'를 중시한 나라이니, 이를 엄격하게 따랐죠. 선조는 백의종군 중이며 상중인 이순신에게 다시 벼슬을 내리며 전쟁터에 나가 싸우라고 명하는 것이니 조심스러울 수밖에 없었지요.

1597년 8월 3일, 이순신은 묵묵히 다시 삼도 수군 통제사가 되었어요. 하지만 이순신한테 남은 것은 도원수 권율이 내어 준 군관 아홉 명과 군사 여섯 명이 전부였어요. 이순신은 배 한 척도 없어 처음부터 모든 것을 다시 시작해야 했지요. 하지만 낙담할 시간이 없었어요. 일본군이 언제 들이닥칠지 모르니까요.

이순신은 곧바로 길을 나섰어요. 이순

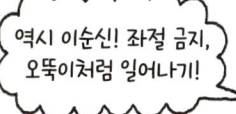
역시 이순신! 좌절 금지, 오뚝이처럼 일어나기!

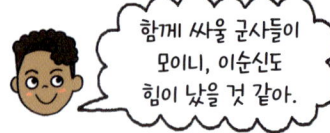

함께 싸울 군사들이 모이니, 이순신도 힘이 났을 것 같아.

신의 목표는 단 하나! 조선 수군을 다시 일으켜 세우는 것이었어요. 이순신은 가장 먼저 물자와 군사를 모으기 시작했어요. 임진왜란으로 텅 빈 마을의 관아에서 식량과 남은 무기를 챙기고, 피난길에 오른 백성들을 설득해 수군을 모집했어요.

이순신은 전투를 할 수 있는 군사를 모았지만, 여전히 문제가 있었어요. 조선 수군에게 진짜 필요한 것, 배가 없었거든요. 배가 없으면 해전을 치를 수 없잖아요. 그런데 이때 이순신에게 반가운 소식이 들려왔어요. 칠천량해전 때 달아났던 장수와 군사들이 배 열두 척과 함께 돌아온 거예요. 하지만 이중에 거북선은 없었고 모두 판옥선이었죠.

**판옥선**
널빤지로 지붕을 덮은 배로, 조선 수군의 대표적인 전선. 명종 때에 개발했고, 임진왜란 때 크게 활약했다.

이순신이 차근차근 조선 수군을 다시 일으켜 세우는 동안 일본군은 기세등등하게 치고 올라왔어요. 칠천량해전은 일본군이 바다에서 처음으로 거둔 승리였어요. 자신감을 얻은 일본군은 남해안 일대를 침략하면서 약탈을 했고, 서해로 나아가며 육군을 상륙시키려 했어요.

상황이 급박하게 돌아가자 선조는 이순신에게 또 한 번 명령을 내렸어요.

"수군의 전력이 약하니 권율의 육군과 합쳐 전쟁에 임하라."

선조는 바다에서 배도 군사도 없는 이순신이 승리하기 어렵다고 보았어요. 그래서 도원수 권율이 지휘하는 육군으로 들어가 힘을 합치라는 명령을 내린 거지요.

이순신 역시 지금 상황에서는 수군이 불리하다는 걸 잘 알았어요. 하지만 절대 바다를 포기할 수 없었어요. 바다를 내어 주는 건 일본군의 보급로를 터 주는 것과 같았어요. 그러면 조선이 일본군의 손에 넘어갈 것이 뻔했죠. 이순신은 명령을 내린 선조에게 뭐라고 대답했을까요? 모두 한 번쯤은 들어 봤을 명언 중의 명언이 바로 이때 나왔지요.

"지금 신에게는 아직도 열두 척의 배가 남아 있습니다. 죽을힘을 다해 싸운다면 오히려 해 볼 만합니다. 배의 수는 비록 적지만 신이 죽지 않는 한 적은 감히 우리를 업신여기지 못할 것입니다."

## 명량대첩

이순신은 남해안에서 서해로 넘어가는 일본군을 어떻게 막을지 고민했어요. 오랜 고민 끝에 이순신은 오늘날 전라남도 진도로 갔어요. 섬 진도와 육지 사이에 있는 아주 좁은 바다, 울돌목을 싸움터로 정한 거예요.

울돌목은 거센 물살이 우는 소리를 내며 돌아가는 곳이라 해서 붙여진 이름이에요. 울며 돌아가는 길목, 이걸 한자로 하면, 울 명(鳴), 긴 바다 량(梁), 명량이죠.

명량 해협은 조류의 방향이 하루에 네 차례 바뀌었는데, 물살이 많은 암초에 부딪혀 회오리쳤어요. 바다가 좁은 데다 물살까지 회오리치니 많은 배가 한 번에 통과할 수 없죠. 이순신은 명량을 막고 있다가 일본군의 배가 들어

> 죽기를 각오하고 싸우라!

오면 쳐부수고, 들어오면 쳐부수는 방식으로 싸우겠다는 작전을 세웠어요.

작전을 다 짠 이순신은 부하들에게 이렇게 말했어요.

"'필사즉생, 필생즉사'라 하였다! 반드시 죽고자 하면 살고 살고자 하면 죽는다. 죽기를 각오하고 싸우라!"

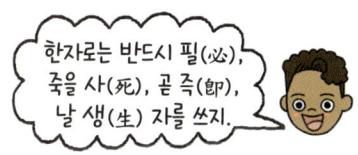

한자로는 반드시 필(必), 죽을 사(死), 곧 즉(卽), 날 생(生) 자를 쓰지.

다음 날 아침, 일본군의 배 300여 척이 먼바다에 나타났어요. 그 가운데 좁은 명량 해협을 통과해 조선 수군과 맞선 배는 133척이었어요. 이순신이 이끄는 수군은 뒤늦게 합류한 판옥선 한 척을 더해 총 열세 척이었지요.

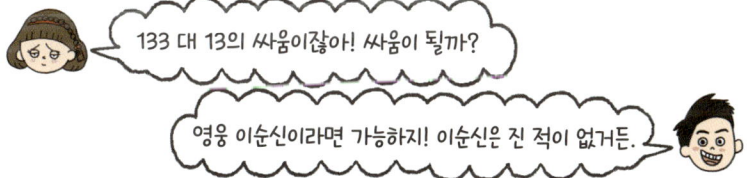

133 대 13의 싸움이잖아! 싸움이 될까?

영웅 이순신이라면 가능하지! 이순신은 진 적이 없거든.

이순신은 맨 앞에 나서며 명령을 내렸어요.

"전군 출전하라!"

하지만 이게 어떻게 된 일일까요? 조선 수군의 배들이 꿈쩍도 하지 않았어요. 앞에 있는 이순신이 탄 배와 거리만 점점 멀어졌지요.

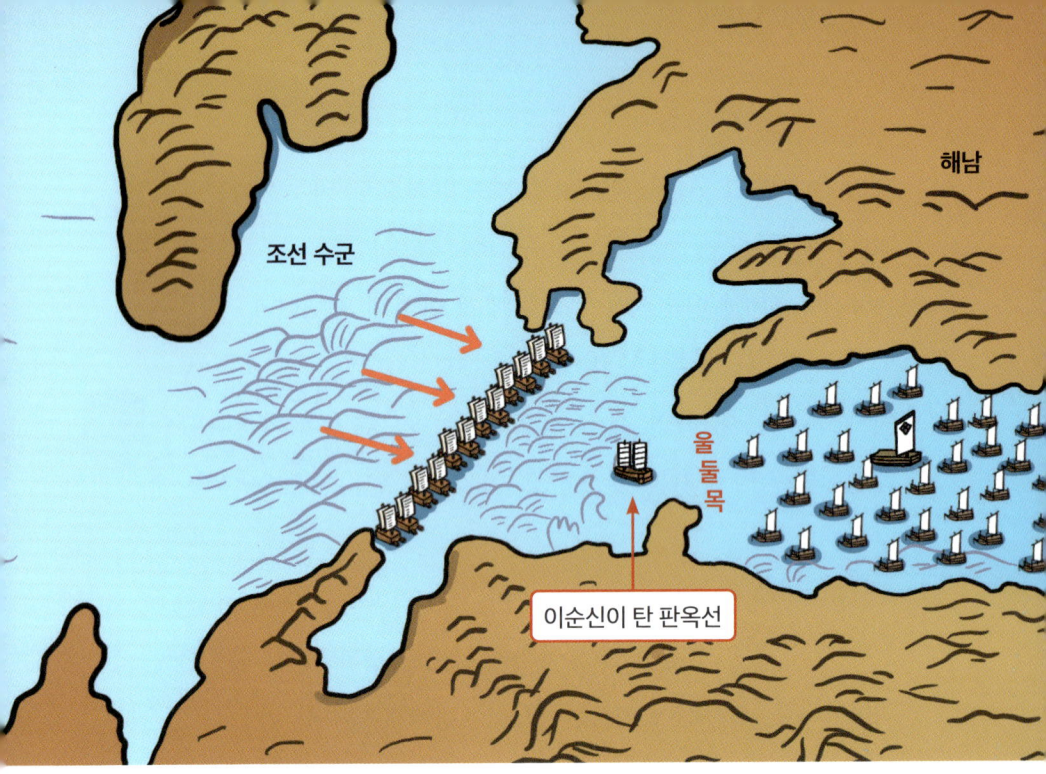

"감히 명령에 따르지 않을 셈이냐!"

그래도 배들은 꿈쩍하지 않았어요. 군사들은 일본군의 어마어마한 규모에 놀라 겁에 질렸어요. 칠천량해전을 치른 지 두 달밖에 지나지 않았으니 더욱 그랬지요. 전력에서도, 기세에서도 조선 수군은 일본군한테 밀렸던 거예요.

그렇게 홀로 일본군의 배 133척 앞에 놓인 이순신!

이순신은 한 시간가량 죽을힘을 다해 싸웠어요. 그러자 뒤에서 꿈쩍도 안 하던 배들 가운데 두 척이 쭈뼛쭈뼛 나왔어요. 이순신은 두 배에 탄 군사들에게 이렇게 외쳤어요.

"명령을 따르지 않은 죄는 죽어 마땅하지만, 전투가 급하니 우선 공을 세울 기회를 주겠다. 적을 쳐라!"

그제야 다른 배들도 전투에 나서기 시작했죠. 그리고 오후 1시쯤 이순신이 기다리던 절호의 순간이 왔어요. 명량의 조류는 하루 네 번 바뀐다고 했던 것 기억하죠? 약 여섯 시간마다 방향이 바뀌는데, 딱 그 시간이 된 거예요!

일본군은 조류가 바뀌기 시작하자 당황했어요. 조선 수군 쪽으로 흐르는 조류를 타고 명량으로 들어왔는데, 이제 조류를 거스르는 상황이 됐어요. 게다가 명량의 물살은 거세기로는

둘째가라면 서러워요. 일본군은 조류도 반대 방향인데 물살이 세기까지 하니 이러지도 저러지도 못했어요. 그때 이순신이 크게 외쳤어요.
"지금이다. 어서 총공격하라!"

조선 수군은 조류를 타고 일본군에게 다가갔어요. 그러고는 우왕좌왕하는 일본군의 배들을 향해 대포인 현자총통을 쏘았죠. 일본군은 좁은 명량에서 거센 물살을 견디느라 정신이 없는데, 포까지 맞으니 어떻게 해 볼 수가 없었어요. 결국 일본군은 줄행랑을 치고 말아요.

> **현자총통**
> 조선 시대에 사용한 작은 대포. 대포를 쏘았을 때 960~1800미터 거리에 있는 물체를 맞출 수 있었다.

"만세! 조선 수군 만세! 우리가 이겼다!"

죽음을 각오하고 싸운 이순신은 끝내 일본군을 막아 냈어요. 이 해전이 바로 명량대첩이지요. 세계사에서도 유례를 찾기 힘든 열 배 이상의 전력 차이로 승리했던 전투였죠.

133 대 13의 싸움을 이긴 이순신! 진짜 영웅 맞지?

이순신은 한산대첩의 승리로 임진왜란의 승기를 조선으로 가져왔던 것처럼, 명량대첩의 승리로 정유재란의 승기를 거머쥐었어요.

명량대첩 이후 일본군은 다시는 이순신이 이끄는 조선 수군과 맞서 싸우려 하지 않았어요. 일본군한테 이순신만큼 무서운 이름은 세상 어디에도 없었을 거예요. 여기서 퀴즈!

↑ 현자총통

**Q. 명량대첩 중 이순신은 일본군이 많아도 우리 판옥선에 올라타지 못한다고 했어요. 왜일까요?**

일본군들은 다들 다리가 짧아서 배와 배 사이를 건너뛰지 못해서요. 한마디로 숏다리, 큭큭!

말이 되니? 사다리는 뒀다 뭐 하게? 가져왔던 사다리가 짧았다면 모를까.

나는 일본군의 배들이 판옥선보다 작았을 것 같아. 크기도 작고, 높이도 낮아서 판옥선에 올라타지 못했던 거지.

정답! 일본군은 133척이 명량 해협에 들어섰다고 했죠? 명량 해협을 통과할 만큼 크기가 작은 배가 133척이었던 거예요. 이 작은 배의 이름은 '세키부네'인데요. 판옥선은 세키부네보다 크기도 했지만, 높이도 했어요. 그래서 일본군은 판옥선에 붙어도 군사들이 기어올라 전투를 벌이기 힘들었죠. 결국 이순신은 대포를 쏘아 일본군의 세키부네를 쳐부쉈고 큰 승리를 거뒀답니다.

**판옥선**

**세키부네**

## 유난히 추웠던 이순신의 겨울

이순신에게 대패한 일본군은 끝내 서해로 들어서지 못했어요. 일본군은 조·명 연합군과 대치하다가 결국 후퇴했어요. 이만하면 이순신도 한숨 놓고 쉴 만도 한데, 이순신은 그러지 않았어요. 오늘날 목포 고하도인 보화도인에 임시 수군 사령부를 세우고 조선 수군을 재건하기 위해 온 힘을 쏟았어요.

그런 이순신한테 또 다른 시련이 닥쳐 왔어요. 명량대첩을 마치고 한 달여 뒤, '통곡'이라는 글자가 쓰인 편지를 받게 되었어요. 서러워할 통(痛), 울 곡(哭)! 소리 높여 슬피 운다는 뜻이에요. 이순신은 그 자리에서 목 놓아 울었어요.

스물한 살의 젊디젊은 셋째 아들이 죽었거든요. 명량대첩에서 패배한 일본군이 아산을 습격했는데, 그곳에 살던 이순신의 셋째 아들이 일본군에 맞서다 목숨을 잃은 거예요. 1597년 10월 14일, 이순신은 〈난중일기〉에 이렇게 썼어요.

> 이거 내가 걱정했었는데……
> 이순신, 너무 가엾다.

"내가 지은 죄 때문에 네 몸에 재앙과 화가 미친 것이냐. 너를 따라 함께 죽어 지하에서 같이 지내고 같이 울고 싶건만……. 내 마음은 이미 죽고 형상만 남아 있어 울부짖을 뿐이다."

이순신은 장수로서 나라와 백성을 지켰지만, 아버지로서 아들을 지키지 못했다며 자신을 탓했어요. 아들의 마지막이라도 보고 싶지만 전쟁 중이라 갈 수 없었죠. 이순신은 아들을 위해 아무것도 할 수 없는 자신의 모습을 '마음은 이미 죽고 형상만 남아 울부짖는다.'고 표현했어요. 얼마나 가슴에 슬픔이 사무쳤는지 짐작이 되나요?

이순신은 힘겨운 시간을 오롯이 혼자 버텼어요. 전쟁으로 사랑하는 가족을 잃은 사람은 이순신만이 아니었을 뿐더러 이순신은 조선 수군의 총사령관이잖아요. 부하들 앞에서 흔들리는 모습을 보일 수 없었죠. 전쟁이 계속되고 있었으니까요.

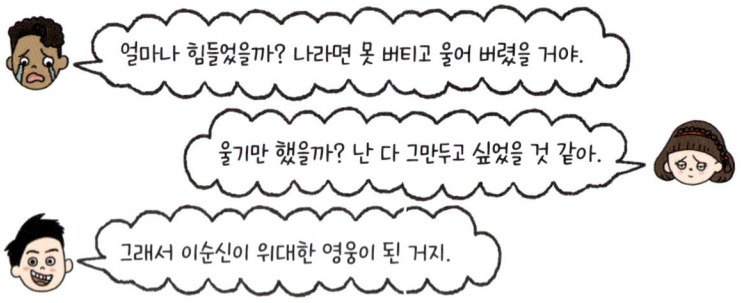

이순신은 묵묵히 자신이 할 바를 다했어요. 식량을 확보하고, 군함을 만들었어요. 또 군사를 모아 훈련을 시키며 빠르게 수군을 재건해 냈어요.

**HTX VIP 한국사 보태기**

## 이순신에게 가장 힘들었던 1597년

1597년, 이순신은 일생에서 가장 추운 겨울을 견뎌야 했어요. 나라는 정유재란으로 위기에 처했고, 개인적으로도 힘든 일이 많았죠. 어떤 일들이 이순신을 힘들게 했는지 알아보아요.

### 백의종군

의금부에 갇혀 고문을 받고 사형을 받을 뻔하다가 풀려 났어요. 하지만 삼도 수군 통제사의 벼슬을 뺏기고 백의종군을 해야 했지요.

### 어머니의 죽음

어머니가 의금부에 갇힌 이순인을 만나러 오는 길에 불의의 사고로 돌아가셨어요. 이순신은 장례도 치르지 못하고 백의종군을 떠나야 했어요.

### 조선 수군의 궤멸

칠전량 해전에서 조선 수군이 완전히 무너졌다는 소식을 들었어요. 자신이 백의종군을 하는 동안에 이런 일이 벌어지자 절망스런 마음이 들었지요.

"이제 조선의 바다를 어떻게 지킨단 말인가?"

### 아들의 죽음

칠전량 해전에서 패배한 일본군이 아산을 습격해 셋째 아들을 죽였어요. 이순신은 나라를 구했지만 아들을 구하지 못했다는 생각에 가슴이 찢어지는 듯 아팠어요.

"아들을 잃었다니!"

## 이순신의 마지막 해전

일본군은 명량대첩 뒤 남해안까지 후퇴해 울산과 사천, 순천에 자신들이 만든 성에 갇혀 이러지도 저러지도 못하고 있었어요. 그렇게 시간이 흘러가던 1598년 어느 날, 갑자기 전쟁이 끝나게 되었어요.

임진왜란을 일으킨 도요토미 히데요시가 8월 18일에 죽었거든요. 그는 마지막 유언을 이렇게 남겼어요.

"조선에서 즉시 철수하라!"

일본군은 도요토미 히데요시의 죽음을 비밀에 부치고 철수하기 시작했어요. 명은 일본군이 철수하는 걸 가만히 지켜봤어요. 명은 임진왜란에 지원군을 보내며 나랏돈을 많이 썼어요. 게다가 희생자도 많았어요. 명 황제 만력제는 나라 안에서 최악의 군주로 비판받고 있는 상황이었죠. 명은 어서 전쟁이 끝나기만을 바라고 있었어요.

1592년 시작된 전쟁은 무려 7년이나 이어졌어요. 전쟁을 일으킨 일본도, 큰 피해를 입은 조선도 지쳐 있었어요. 누구도 더 싸우지 않았죠. 딱 한 명 이순신만 빼고 말이에요. 이순신은 이렇게 말했어요.

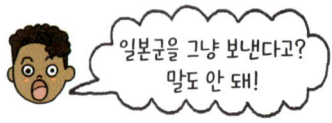

"죄 없는 백성들을 마구 죽이고 나라를 짓밟은 일본군을 절대로 용서할 수 없다. 단 한 명도 살려 보내지 않을 것이다!"

이순신은 이대로 일본군을 돌려보내면 일본군은 언젠가 다시 쳐들어올 거라고 예상했어요. 그렇게 된다면, 조선의 땅과 바다는 또다시 전쟁에 휩싸이겠죠. 이순신은 일본군에 본때를 보여 다시는 전쟁을 일으킬 수 없게 해야 한다고 생각했죠.

얼마 뒤, 대규모의 일본군이 노량 앞바다에 모습을 드러냈어요. 노량은 오늘날 경상남도 남해도와 하동 사이의 해협이에요. 일본군은 이순신한테 가로막혀 육지에서 철수하지 못하고 있는 부대를 구출하기 위해 온 거였지요.

이순신은 일본군이 순순히 돌아가지 못하도록 노량에서 일본군을 치기로 했어요. 이순신은 조선 수군과 명군의 군함 200여 척을 이끌고 전투에 나섰어요. 전투 직전, 이순신은 배 위에서 무릎을 꿇고 이렇게 하늘에 빌었어요.

"원수들을 쳐 없앨 수 있다면, 죽어도 여한이 없겠나이다."

다시는 이 땅에 오지 못하도록 일본군을 무찌르게 해 주시옵소서.

1598년 11월 19일 새벽, 일본군의 배 500여 척이 노량 해협에서 빠져나오기 시작했어요.

"한 명도 살려 두어서는 안 된다. 공격하라!"

이순신의 명령에 일제히 공격이 시작됐어요. 얼마나 시간이 흘렀을까요? 일본군의 배 200여 척은 불에 타거나 부서졌고, 100여 척은 붙잡혔어요. 전투에서 승리할 수 없다는 걸 깨달은 일본군은 달아나기 시작했어요.

이순신은 한 척의 배도 놓치고 싶지 않았어요. 달아나는 일본군을 끝까지 뒤쫓았죠. 그러다 어느 순간, 이순신은 가슴을 움켜쥔 채 비틀거렸어요. 일본군의 총알이 왼쪽 가슴을 꿰뚫은 거예요. 놀란 부하들이 이순신을 부축하자 죽음을 예감한 이순신이 말했어요.

"지금은 싸움이 급하다. 나의 죽음을 알리지 말라."

이순신은 자신이 죽었다는 걸 알면 부하들이 흔들릴까 걱정했어요. 자신의 목숨보다 전투

내 죽음을 알리지 말라.

↑ 이순신 묘

의 승리를 더 바랐던 거죠. 결국 이순신은 죽음을 맞았고, 전투는 승리했어요. 이 전투가 이순신의 마지막 전투였던 노량해전이랍니다. 노량해전의 승리로 약 7년간의 길고 길었던 임진왜란이 드디어 막을 내렸어요.

이순신은 임진왜란 내내 기적과도 같은 승리를 거두었어요. 우리에게 이순신은 임진왜란의 빛나는 영웅이죠. 하지만 이순신의 삶은 빛 속에만 있지 않았어요. 벼슬도 없이 백의종군을 한 적도 있고, 어머니와 아들을 잃는 큰 슬픔도 겪었죠. 백전백승을 거둔 영웅 이순신뿐 아니라 시련과 슬픔을 겪은 인간 이순신의 모습도 여러분이 기억해 주었으면 해요.

이제 이순신의 이야기를 마치고, 임진왜란의 또 다른 이야기를 만나러 가 볼까요?

임진왜란의 포로, 이삼평과 강항

# 도자기의 신이 된 이삼평

한 쌤, 여긴 어디고 이건 뭐예요?

여긴 일본 사가현, 이건 이삼평 기념비랍니다.

이삼평? 우리나라 사람인가?

이순신의 죽음과 노량해전을 끝으로 길고도 긴 임진왜란은 막을 내리고 조선 땅에는 평화가 찾아왔어요. 하지만 그 모습은 너무나도 처참했어요.

 수많은 백성이 목숨을 잃었고, 일본군이 휩쓸고 지나간 자리는 폐허가 되고 말았지요. 불에 타고 부서지고 온전히 남아 있는 게 없었어요. 농사지을 땅도 4분의 1로 줄어들어 입에 풀질하기 힘들어졌지요.

 그뿐만 아니라 전쟁 중에 많은 백성이 일본군 손에 일본으로 끌려갔어요. 특히 헤아릴 수 없이 많은 도자기 기술자들이 일본에 끌려갔어요. 일본은 왜 이들을 데려간 것일까요?

## 길어진 전쟁

 임진왜란 초기, 일본군은 20일 만에 한양을 점령했어요. 선조는 일본군을 피하고, 명에 도움을 청하기 위해 평양으로, 의주로 떠났죠. 그사이 이순신의 활약으로 일본군이 주춤하고, 명이 지원군을 보내며 전세는 뒤집히기 시작했어요. 그리고 1년여 만에 한양을 되찾았어요.

 일본군이 휩쓸고 지나간 당시 한양의 모습은 어땠을까요? 경복궁, 창덕궁, 창경궁, 세 궁궐과 종묘가 모두 재로 변해 버렸고, 관청 건물은 물론 백성들의 집들도 남아 있는 게 없었어요. 한양은 그야말로 초토화되어 있었죠. 그렇다면 백성들은 어떻게 됐을까요?

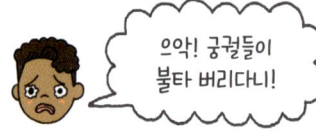
으악! 궁궐들이 불타 버리다니!

 이순신이 쓴 〈난중일기〉와 함께 임진왜란에 대해 알 수 있는 대표적인 책이 〈징비록〉이에요. 이순신의 어릴 적 단짝 유성룡이 쓴 책이죠. 1593년 4월 20일, 당시 영의정이었던 유성룡은 명군과 함께 한양으로 돌아왔고, 생지옥이 되어 버린 한양의 모습을 이렇게 묘사했어요.

 "성안의 백성들은 백에 하나도 남아 있지 않았는데, 살아 있는 사람들조차 모두 굶주리고 병들어서 얼굴빛이 귀신 같았

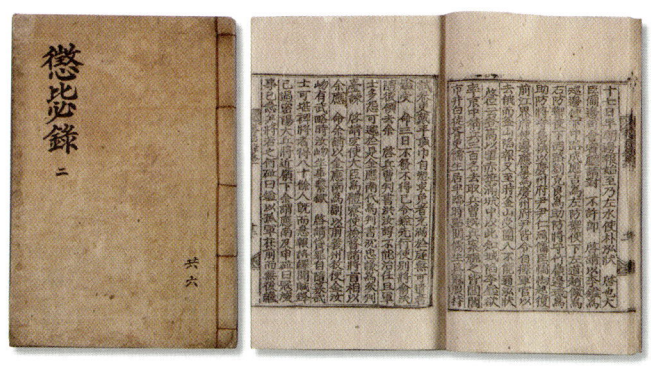

↑ 유성룡의 〈징비록〉

다. 날씨마저 더워서 성안이 죽은 사람과 죽은 말 썩는 냄새로 가득했는데 코를 막지 않고는 한 걸음도 떼기 힘들었다."

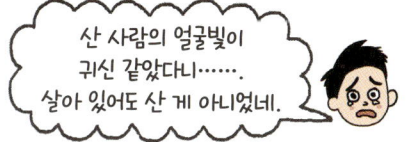

산 사람의 얼굴빛이 귀신 같았다니……. 살아 있어도 산 게 아니었네.

 정말 참혹한 모습이죠? 일본군이 쳐들어온 지 1년 만에 이런 모습이 됐는데, 전쟁은 장장 7년이나 계속됐어요. 백성들의 고통도 계속됐다는 얘기죠. 한양을 1년 만에 되찾았는데, 전쟁은 왜 이렇게 길어진 걸까요?

 일본군은 한양에서 밀려나 경상도 해안가에 진을 쳤어요. 일본군은 그곳에서 명과 협상을 진행했어요. 일본은 명에게 전쟁을 끝내고 조선을 떠날 테니 자신들의 요구 조건들을 들어달라고 했어요. 그런데 명이 그중에 도저히 들어줄 수 없는 두 가지가 있었어요. 하나는 명의 황녀를 일왕의 후궁으로 보내 달라는 것이고, 또 하나는 조선 8도의 절반인 4도를 달라는 거였어요.

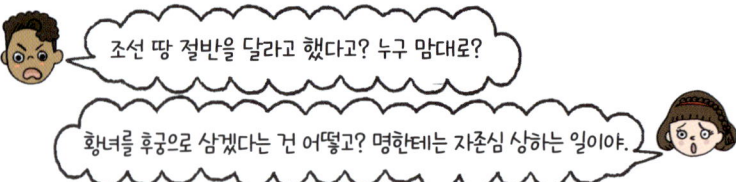

명과 일본의 협상은 4년이나 시간을 끌었지만, 결국 결렬됐어요. 그리고 1597년 일본군은 다시 대대적 침략을 시작했죠. 이게 정유재란인데, 이때부터 일본의 전쟁 목표가 달라져요.

처음 일본이 조선에 쳐들어온 목표는 '명 정복'이었어요. 그래서 조선에 '명에게 가는 길을 비켜 달라.'고 했었죠. 협상이 결렬된 뒤, 일본의 목표는 조선 그 자체가 되었어요. 조선의 남쪽 땅을 점령하겠다는 거였죠. 일본군은 무차별 약탈, 살해, 방화를 저지르며 더욱 잔인해졌어요.

### 고통받는 백성들

전쟁이 계속될수록 백성들의 피해는 날이 갈수록 커졌어요. 정유재란 당시 일본군 뒤를 쫓아다니며 남자, 여자, 어린이를 가리지 않고 조선 백성들을 줄에 묶어 끌고 가는 이가 있었어요. 누구였을까요? 바로 사람을 사고파는 인신매매 상인이었어요. 상인한테 끌려간 조선 백성들은 배에 실려 부산에서 일본 나가사키로 보내졌어요. 그 뒤 이들은 이탈리아, 포르투갈, 인도, 마카오, 마닐라 등 세계 곳곳에 노예로 팔려 갔어요.

당시 노예로 팔려간 조선 백성의 수는 얼마나 됐을까요? 정확한 기록은 없지만 약 10~20만 명이 될 것으로 보고 있어요. 이 수는 전 세계 노예 시장을 뒤흔들 정도였죠. 우리가 임진왜란 하면 동아시아 3국, 중국, 일본, 조선만의 전쟁으로 기억하는데, 사실은 세계적으로 큰 영향을 미쳤던 전쟁이었어요.

### HTX VIP 보태기

**임진왜란이 세계 노예 시장에 미친 영향**

임진왜란 때 일본이 끌고 간 조선 백성을 세계 노예 시장에 내놓으면서 노예의 거래 가격이 6분의 1로 크게 떨어졌다고 해요. 〈동방여행기〉를 쓴 이탈리아 상인 프란체스코 카를레티는 "조선 노예 5명을 포르투갈 화폐로 겨우 12스쿠도로 손에 넣을 수 있었다."고 했어요. 당시 아프리카 노예 한 명이 170스쿠도였으니, 조선 백성이 얼마나 헐값에 노예로 팔렸는지 알 수 있지요.

일본은 닥치는 대로 조선 백성들을 잡아서 싼값에 팔고, 그 돈으로 조총을 샀어요. 조선 백성을 판 돈으로 조선을 공격하는데 드는 자금을 마련했던 것이죠.

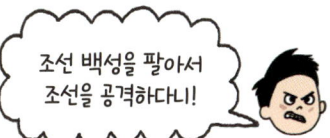

조선 백성을 팔아서 조선을 공격하다니!

## 조선의 자기 기술을 탐낸 일본

일본군은 조선의 많은 백성들을 포로로 끌고 갔어요. 일본 땅에서 조선 백성은 형편없는 대우를 받았죠. 그런데 이들 중에서 대우가 달랐던 이들이 있었어요. 어떤 이들인지 1593년에 도요토미 히데요시가 쓴 글을 한번 볼까요?

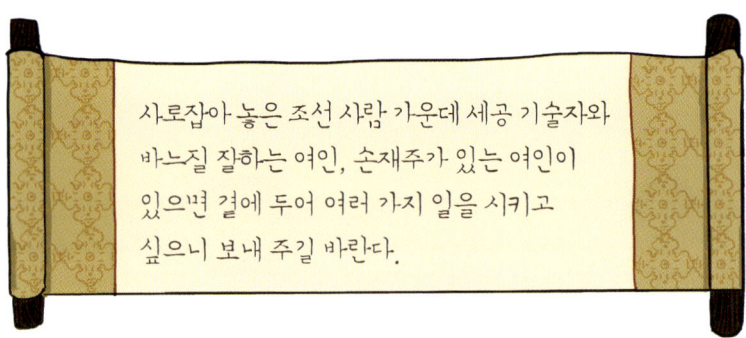

사로잡아 놓은 조선 사람 가운데 세공 기술자와 바느질 잘하는 여인, 손재주가 있는 여인이 있으면 곁에 두어 여러 가지 일을 시키고 싶으니 보내 주길 바란다.

예나 지금이나 우리나라 사람들은 손재주가 뛰어났어요. 옷을 근사하게 만들 수 있는 바느질도 빠질 수 없었죠. 조선 사람들이 뛰어났던 많은 손재주 중에서도 도요토미 히데요시가 가장 탐냈던 것이 있어요. 바로 자기 기술이에요.

조선은 14세기에 중국 원에 이어 세계에서 두 번째로 자기를 만들 수 있는 기술을 가진 나라였어요. 그만큼 자기 기술은 귀했고, 자기는 쉽게 만들 수 있는 것이 아니었어요.

## HTX VIP 한국사 보태기

### 조선의 자기 기술

우리나라는 예로부터 도자기 기술을 발전시켜 왔어요. 11~12세기에 고려 청자는 세계적으로 이름을 떨쳤고, 고려의 기술을 이어 받은 조선의 자기도 유명했지요. 자기를 만들려면 어떤 기술이 있어야 했을까요?

### 1. 순백의 고령토

'장석'이라는 하얀 광석을 곱게 갈면 고령토가 되는데, 이게 자기의 필수 재료예요. 고령토를 적절한 비율로 물과 점토에 개어 빚어야 순백의 빛을 제대로 낼 수 있었어요.

### 2. 유약

초벌한 자기를 유약에 담그면, 겉면이 유리처럼 코팅돼서 변색이 되지 않고 단단해져요.

### 3. 고온의 가마

자기를 구우려면 1,300도 이상의 높은 화력과 그 온도를 오랫동안 유지할 수 있는 가마가 필요해요. 그래야 단단하고, 얇고, 가볍고, 두드리면 맑은 소리가 나는 아름다운 자기를 만들 수 있지요.

↑ 조선 백자

당시 일본은 대부분 나무 그릇을 쓰거나 도기를 썼어요. 자기를 만드는 기술이 없었거든요. 일본은 어떤 흙을 써야 하얀 자기가 되는지, 어떤 유약을 발라야 높은 온도에서도 견디는지 몰랐어요. 또한 높은 화력의 가마를 만들지도 못했어요. 그러니 일본은 조선의 자기를 보고 탐낼 수밖에 없었죠. 16세기의 자기 기술은 오늘날로 치면 반도체 기술과 같은 최첨단 기술이었죠.

### HTX VIP 보태기

**도기와 자기의 차이**
도기는 진흙을 가지고 600~1200도 미만의 가마에서 구운 것을 말하고, 자기는 사토나 돌가루를 가지고 1200도 이상의 가마에서 구워 낸 것을 말해요. 높은 온도에서 구워 낼수록 더욱 좋은 품질의 자기가 되지요. 도자기는 도기와 자기를 합친 말이에요.

도요토미 히데요시는 자기를 만드는 기술자들을 모조리 잡아 오라고 명령했어요. 그런데 도요토미 히데요시가 유독 자기 기술을 탐냈던 데는 또 다른 이유가 있었어요.

도요토미 히데요시는 다회를 자주 가졌어요. 다회는 차 차(茶),

모일 회(會), 곧 차를 마시는 모임이에요. 당시 일본에서 다회는 아주 높은 지위에 있는 사람들만이 하는 행사였어요.

↑ 이도다완

도요토미 히데요시는 사람들과 예의를 갖추며 차 마시는 걸 굉장히 좋아했을 뿐더러 찻잔에도 관심이 많았어요. 특히 '이도다완'이라고 부르는 조선에서 만든 찻잔을 최고로 치며 다회에서 즐겨 사용했지요.

사실 이도다완은 조선에서 흔하게 쓰는 그릇에 불과했어요. 김치 같은 음식을 담는 그릇이었죠. 조선의 평범한 그릇이 일본에서는 지위가 높은 사람들 사이에서 최고급 찻잔으로 귀한 취급을 받은 거예요. 여기서 퀴즈!

**Q** 일본 권력층은 왜 조선의 평범한 그릇인 이도다완을 애지중지했던 걸까요?

 일본 사람들 눈에는 이도다완이 예뻐 보였나 봐요.

 맞아. 맨날 자기네 투박한 그릇만 보다가 이도다완을 보니까 감탄한 거지. 이걸 수준 차이라고 해야 하나?

 근데 이도다완을 좋아한다 해서 수준이 낮은 건 아니잖아. 취향의 차이 아닐까?

 나도 같은 생각이야. 일본인들은 소박한 걸 좋아한다잖아. 이도다완이 소박한 느낌을 준 거 아닐까?

 정답! 도요토미 히데요시는 기교를 부리지 않은 소박함과 수수함을 가진 이도다완을 높이 평가했어요. 소박함은 일본의 다도 문화의 정신과 딱 맞아떨어지는 것이었죠. 도요토미 히데요시가 이도다완을 귀하게 여긴다는 사실이 알려지자 다른 이들도 이도다완에 관심을 가졌어요. 이도다완은 일본 권력층에게 부와 명예의 상징으로 떠올랐고, 하나쯤은 갖고 싶은 사치품이 됐어요. 어떤 이는 '오사카성을 준다고 해도 이도다완과는 바꿀 수 없다.'고 말했다고 해요. 그릇 하나를 성과도 바꿀 수 없다니, 일본의 권력층들이 조선의 이도다완을 얼마나 애지중지했는지 알겠죠?

도요토미 히데요시가 사랑했던 이도다완은 일본 권력층 사이에서 유행하는 사치품으로 자리 잡았어요. 이도다완을 찾는 사람들이 많아지자 이도다완의 값은 점점 더 비싸졌고 귀해졌어요.

일본의 권력층들은 이도다완뿐 아니라 조선의 다른 자기들에도 손을 뻗혔어요. 조선의 자기를 수집하는 데 집착하는 이들이 많아졌고, 이는 곧 조선 자기에 대한 환상과 그걸 소유하고 싶다는 욕심으로 이어졌어요.

일본은 임진왜란 동안 조선에서 찻잔, 그릇 등을 모조리 뺏어 갔어요. 또 자기를 만들 수 있는 기술자들도 있는 대로 끌고 갔어요.

임진왜란이 끝나고 약 3년 뒤인 1601년, 선조는 깜짝 놀랄 만한 보고를 받았어요. 선조가 신하들을 불러 고기를 나눠 먹으려고 했는데, 그릇이 없어서 신하들을 부를 수 없다는 것이었어요.

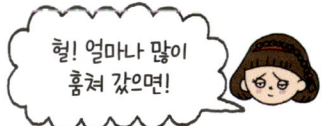
헐! 얼마나 많이 훔쳐 갔으면!

당시 자기는 관청에 소속된 기술자들이 만들었어요. 기술자들은 대개 자기 만드는 일을 집안 대대로 이어 온 사람들이었어요. 이들이 일본에 끌려가거나 죽었으니 조선에는 자기를 만들 기술자가 거의 없었죠. 게다가 사람이 기술을 새로 익히는

데는 시간이 걸리잖아요. 그래서 임진왜란이 막 끝났을 때에는 그릇이 모자랐던 거예요. 왕이 쓸 그릇조차 모자랄 정도로요.

일본은 심지어 자기의 재료인 고령토까지 싹싹 긁어 갔어요. 무려 7~8년간 자기를 만들 수 있는 양을 가져갔다고 해요. 조선의 각종 자기는 물론, 기술자와 고령토까지 몽땅 훔쳐 간 거예요. 일본이 얼마나 자기에 집착했는지 알 수 있지요.

## 일본 도자기의 신이 된 이삼평

조선에서 끌려간 자기 기술자들은 부산을 출발해 부산과 가까운 일본 규슈 지역 곳곳에 터를 잡았어요. 규슈에 온 자기 기술자 중에 아리타 지역을 도자기로 부흥시킨 사람이 있어요. 바로 일본 도자기의 신으로 존경받는 이삼평이에요.

일본은 임진왜란이 끝날 무렵 김해 사람인 이삼평이 일본에 왔고, 매우 적극적으로 일본에 협력했다고 주장해요. 그러나 우리 역사학계는 이삼평이 일본에 포로로 끌려가 활동하게 된 것으로 보고 있어요.

이삼평은 일본 규수에서 어떻게 살았을까요? 한 영주한테 끌려온

> 일본군이 조선인들을 많이 끌고 갔으니 당연한 거 아니냐?

↑ 일본 사가현 아리타의 백자 광산

 이삼평은 말도 통하지 않는 곳에서 함께 끌려온 열여덟 명의 기술자들과 함께 자기를 만들며 지냈다고 해요.
 그러던 어느 날, 이삼평은 조선에서 가져온 고령토가 바닥나자 영주한테 허락을 얻어 고령토를 찾기 위해 길을 떠났어요. 이삼평 일행은 규슈를 몇 년이나 떠돈 후 겨우 고령토가 있는 곳을 찾아냈어요. 그곳은 아리타 지역의 이즈미 야마산이에요. 이 산에 좋은 고령토가 가득한 백자 광산이 있었어요.
 이삼평은 이 광산 근처에 자리를 잡고 가마터를 짓고, 본격적으로 도자기를 만들기 시작했어요. 그리고 1616년, 일본

도자기 기술사에 길이 남을 사건이 벌어졌어요. 마침내 일본 흙으로 만든 일본 최초의 백자를 만들어 낸 거예요. 이삼평이 일본의 도자기 역사를 바꾼 것이지요.

  신이 난 영주는 조선에서 끌고 온 사람들을 불러 모아 이삼평과 일을 하게 했어요. 더 많은 백자를 만들라고 말이에요. 그렇게 해서 아리타에 도자기 마을이 들어서게 됐어요. 마을은 곧 고급 자기를 대량 생산하는 공장으로 변했지요.

1650년부터 1757년까지 약 100년 동안 아리타에서 수출된 도자기는 무려 120만 점이 넘었어요. 이 지역의 수익 90퍼센트가 도자기 판매로 벌어들인 수익이었지요. 조선의 자기 기술자 이삼평 덕분에 큰 돈을 벌게 된 거예요. 이후 일본에선 이삼평을 어떻게 평가했을까요?

　일본은 '도조 이삼평'이라고 새긴 기념비를 세웠어요. 도조는 질그릇 도(陶), 조상 조(祖)로, 그릇의 조상이란 뜻이에요. 이후 이삼평은 신사에 모셔져 '도자기의 신'이 되었고, 지금도 일본에서는 해마다 5월에 이삼평한테 감사의 제사를 지낸다고 해요.

> 일본인이 신으로 섬기는 사람이라니, 멋지다!

## 자기 기술자들의 고달프고 애처로운 삶

　일본은 조선에서 끌고 온 다른 포로들에 비하면 특별한 대우를 해 주었어요. 1609년 조선에 포로를 돌려보내는 문제를 두고 협상할 때도 일본은 자기 기술자들만은 쏙 빼려고 했대요. 자기 기술자들을 가두고 숨기고 회유하는 등 온갖 방법을 다해 돌려보내 주지 않으려고 했지요.

영주들은 조선의 자기 기술자들을 모아 마을을 꾸리게 했어요. 이들을 한곳에 모아 도자기를 굽게 하며 철저하게 통제했지요. 그런 삶은 대를 이어서도 계속되었어요. 낯선 땅에 끌려와 감시당하며 살아야 했던 이들의 마음은 어땠을까요?

200여 년의 시간이 흐른 뒤 한 일본인이 조선 자기 기술자의 후예와 나눈 대화가 〈서유잡기〉라는 고서에 실려 있어요. 거기에는 이들의 애끊는 마음이 고스란히 나와 있지요.

> 고향은 잊을 수 없는 것이라고 누군가 말했지만, 벌써 이백 년이나 지났고, 말마저 이 나라 사람과 다름없이 쓰고 있습니다. 어쩐지 간혹 고향 생각이 날 때가 있지요. 지금이라도 귀국이 허락된다면 돌아가고 싶습니다.

영주의 감시 아래 대를 이어 온 조선의 자기 기술자들의 후예는 한 번도 가 보지도 못한 조선을 고국이라고 생각하고, 바다가 보이는 산에 올라 조선을 그리워했어요. 그리고 조선을 잊지 않기 위해, 영주한테 이렇게 간청했지요.

"최고의 도자기를 구울 테니 우리 조선의 신을 섬기게 해 주시오."

이들은 신사를 짓고, 우리 민족의 뿌리인 단군을 모셨어요. 추석이면 함께 모여 음식을 나눠 먹고 '망향가'를 부르며 차례를 지냈다고 해요.

일본에는 조선의 자기 기술자들의 흔적이 곳곳에 남아 있어요. 비밀스러운 도자기 마을이란 뜻을 가진 비요의 마을 오카와치야마에는 이름 없는 880명의 조선 자기 기술자들의 묘비를 모아 만든 탑이 있어요. 자기 기술자들은 이렇게 죽기 전까지도 조선을 그리워했지만 결국 이름도 남기지 못한 채, 타국 땅에 묻혔지요.

## 5장

임진왜란의 포로, 이삼평과 강항

# 일본 유학의 아버지가 된 강항

네, 맞아요. 우리는 전남 영광에 있는 내산서원에 왔어요.

내산서원?

오, 역시 한자 박사 마이클!

임진왜란이 끝난 뒤, 조선에는 그릇과 자기 기술자만 없어진 것이 아니었어요. 얼마나 많이 약탈해 갔는지 임진왜란 이후 조선에서는 '이것'이 부족해서 왕까지 '이것'을 구하느라 진땀을 뺄 정도였다고 해요. 이것은 무엇일까요?

바로 책이었어요. 임진왜란 때 일본은 손재주나 기술을 가진 사람만 노린 것이 아니었어요. 조선의 모든 것을 노렸어요. 눈에 보이는 대로, 손에 잡히는 대로 귀한 것들을 약탈해 갔지요. 가져가지 못하는 것들은 불 태우고 없애 버렸어요. 대대로 물려받아 고이 지켜왔던 우리의 자랑스러운 문화유산이 산산이 부서지고 사라져 버렸지요.

↑ 강항

내산서원은 일본에 끌려간 학자 강항을 기리는 서원이에요.

학자라서 양옆에 책들이 있구나!

## 조선의 지식을 빼앗은 일본

옛날에 책은 귀했어요. 쉽게 구할 수도 없을 뿐더러 그 값도 어마어마했지요. 어느 정도였냐면, 〈중종실록〉에 따르면 〈대학〉이나 〈중용〉 같은 책의 값은 무려 2년치 쌀값과 맞먹었다고 해요.

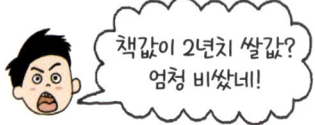

일본군은 이렇게 비싼 책들을 마구잡이로 훔쳐 갔어요. 얼마나 많이 훔쳐 갔는지 왕세자가 공부할 책이 없어서 선비들한테 책을 빌려 와 읽을 정도였다고 해요. 일본은 왜 조선의 책을 싹 쓸어 갔을까요?

일본은 16세기 후반까지 내전이 자주 일어나서 서로 약탈하는 바람에 책이 많이 불태워지고 사라졌어요. 그 빈자리를 채우려고 조선의 책들을 싹싹 긁어 간 거예요.

 **HTX VIP 보태기**

**일본군이 가져간 책**
일본군은 조선의 궁궐, 사찰, 사원에서 귀한 책을 샅샅이 찾아내서 약 10만 권이나 약탈했어요. 고려의 역사를 기록한 〈고려사절요〉의 초간본, 200년간 쌓아 온 조선 왕실의 역사서인 〈승정원일기〉와 〈조선왕조실록〉 같은 책은 물론이고 의학서, 불교, 유교, 문집 등 귀한 책이 이때 많이 사라졌지요.

책을 훔쳐 가는 건 단순히 책이라는 물건을 훔쳐 가는 행위가 아니에요. 책 속에 무엇이 담겨 있나요? 조선이 오랫동안 쌓아 온 지식이죠. 일본은 바로 그것을 훔쳐간 거예요.

당시 일본군 중에는 글을 읽고 쓸 줄 아는 자가 없었어요. 우두머리들마저도 병법서를 가지고만 있었을 뿐 읽을 줄 아는 자가 드물었죠. 그런데 어떻게 귀한 책을 골라 가져갈 수 있었을까요? 바로 승려들이 도왔기 때문이에요.

↑ 도요토미 히데요시에게 약탈할 책을 알려 주는 일본 승려

도요토미 히데요시는 거우 글을 읽고 쓸 정도의 학식만 있었어요. 그래서 임진왜란을 일으키기 직전에 학식이 풍부한 승려들에게 조선의 문화재 약탈을 어떻게 하면 좋을지 물어보았다고 해요. 그런 뒤 승려들을 조선으로 보내 책과 보물을 약탈하는 데 앞장서게 했지요.

일본은 책뿐만 아니라 '살아 있는 조선의 지식'이라 할 수 있는 선비들도 마구 끌고 갔어요. 그 선비들 중 한 사람이 강항이에요.

강항은 어려서부터 문장력이 뛰어나 젊은 나이에 벼슬길에 오른 이름난 학자였어요. 여러 벼슬을 거친 강항은 고향 영광에 있다가 1597년 정유재란이 일어나자 의병을 모아 싸웠어요. 그러다 이순신이 명량대첩을 앞두고 있다는 소식을 듣고 가족들한테 이렇게 말했어요.

"이순신을 도와서 싸우겠다. 설사 이기지 못하더라도 떳떳하게 죽을 것이다."

강항은 가족들과 함께 이순신한테 가는 길에 그만 일본군과 맞닥뜨리고 말았어요. 강항은 일본군한테 잡힐 바에 차라리 죽는 것이 낫다고 생각해서 바다에 뛰어들었어요. 그런데 일본군은 강항을 물속에서 건져 냈어요. 조선 사람의 목숨을 파리 목숨보다 못하게 여겼던 일본군이 어쩐 일로 그를 살려 냈을까요? 일본군은 강항을 보며 이렇게 말했어요.

"갓을 쓰고 비단옷을 입은 걸 보니, 관직이 있는 사람이다.

조선 선비다, 끌고 가자!

살려서 일본으로 보내자!"

 강항은 포로가 되어 일본으로 가는 배에 탔어요. 강항은 이 상황이 너무나 수치스러웠어요. 그는 괴로운 나머지 몇 번이나 바다에 뛰어들려 했지만, 그때마다 일본군에 막혔지요.

 강항을 태운 배는 약 열흘 만에 일본에 도착했어요. 그런데 이게 웬일인가요? 오는 내내 격렬하게 저항했던 강항이 태도를 바꿔 일본 생활에 빠르게 적응하려고 애쓰는 거예요. 일본은 그런 강항에게 시중을 들 종을 주고, 비교적 자유롭게 다닐 수 있게 해 주었어요. 여기서 퀴즈!

Q 강항이 태도를 바꿔 일본에 적응하기로 한 까닭은 무엇일까요?

아무리 발버둥쳐도 조선으로 돌아갈 수 없으니까 포기한 것 같아요. 게다가 일본이 잘해 줬잖아요.

잘해 주면 마음이 바뀔 수도 있지.
몸이 편하면 마음도 편해지는 법이잖아.

다른 뜻이 있어서 그런 게 아닐까?
의병으로 나서기까지 했던 강항이 하루아침에
마음을 고쳐먹었다는 게 이해가 안 돼.

맞아요. 강항은 마음을 고쳐먹은 게 아니에요.
마음에 품은 큰 뜻이 있었죠. 그래서 일본의 지식인들과
친분을 쌓고 일본에 대해 알리고 노력했어요. 일본의
역사, 지리 등도 배우고요.

원래 공부를 좋아하는 선비여서 그런 거 아닐까요?

잠깐만, 뭔가 좀 이상해. 왜 일본의 지리까지 배웠지?

아! 나 알 것 같아. 드라마에 가끔 비밀 정보를 알아내려고
일부러 적들에게 접근해서 친해지는 사람이 나오거든.
쌤, 강항도 비밀 정보를 알아내려고 일본 지식인들이랑
친하게 지내고 일본에 적응한 거 아니에요?

정답! 강항은 일본의 실상을 파악해 적어 두었다가
조선에 가져갈 생각을 했어요. 스파이를 자처한 거지요.
당시 조선에는 일본에 대한 구체적인 정보가 거의
없었어요. 그래서 강항은 일본에 있는 동안 최대한 정보를
수집하기 위해 일본 생활에 빠르게 적응한 거예요.

와! 완전 드라마 같은 이야기예요!

강항은 일본 생활에 적응하며, 일본에 대한 정보를 차곡차곡 모았어요. 일본의 기밀을 빼내려고 위험을 무릅쓰고 일본인들과 친분을 쌓았죠. 강항은 마음속으로 이렇게 생각했어요.

'일본 땅에서 의미 없이 죽느니, 구차하더라도 살아서 훗날 복수를 하겠다.'

강항은 자신의 목숨을 헛되이하기보다 조선에 보탬이 되는 일을 하리라 마음먹었어요. 일본의 실상을 모두 기록해 조선에 알려 일본에게 복수하겠다고 생각했지요.

강항은 2년 반의 포로 생활 끝에 조선으로 돌아왔어요. 이후 고향에서 자신이 알아낸 일본의 정보를 빠짐없이 기록했어요. 그 책이 바로 〈간양록〉이에요.

강항은 〈간양록〉에 일본의 역사, 지리, 제도, 날씨, 풍속뿐 아니라 장수들의 인적 사항, 특징, 전력, 그리고 전쟁에 대비할 정책과 조선 포로들의 참상까지 낱낱이 썼지요.

조선은 강항의 〈간양록〉 덕분에 일본에 대해 잘 알게 됐어요. 그래서

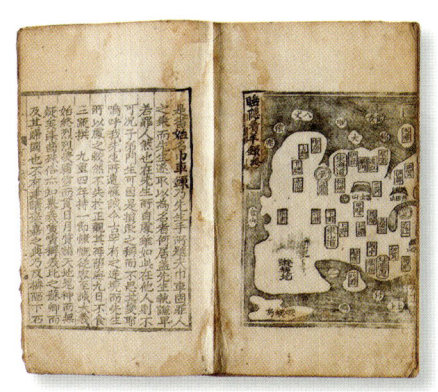

↑ 간양록

109

이 책은 일본에 가는 사신이라면 무조건 읽어야 하는 필독서가 되었지요.

조선은 오래도록 〈간양록〉을 비밀에 부쳐 일본에 알려지지 않도록 조심했어요. 하지만 일제 강점기에 조선 총독부가 〈간양록〉을 금서로 정하고 불태웠어요. 일본에 대한 세세한 정보를 담고 있으니 일본 입장에선 없애야 할 책 1순위였던 거죠.

## 일본 유학의 아버지가 된 강항

강항은 일본에 간 지 2년 반만에 돌아왔다고 했죠? 다른 포로들보다 좋은 대접을 받긴 했지만, 강항도 포로 신분이었는데 어떻게 2년 반 만에 돌아올 수 있었을까요?

강항은 일본인들과 가깝게 지내면서도 기회만 되면 일본에서 탈출하려고 애썼어요. 강항은 조선으로 돌아갈 배를 구하기 위해 자신이 쓴 글을 팔았어요. 강항의 글은 잘 팔렸어요. 늘 은전을 주며 그에게 글을 써 달라는 사람이 있었거든요. 바로 일본인 승려 후지와라 세이카예요.

세이카는 강항에게 자신의 스승이 되어 달라며 끝없이 매달렸어요. 하지만 강항이 받아 주지 않자 세이카는 속상해하며 이렇게 말했어요.

"애석하게도 나는 중국에서 나지 못하고 또 조선에서도 나지 못하고 일본에서도 이런 시대에 태어났단 말인가?"

세이카는 일본에서 태어난 걸 원망할 정도로 유학을 너무나 배우고 싶어 했어요. 그런 그 앞에 유교의 나라 조선의 선비 강항이 나타난 거예요. 세이카는 강항에게 유학을 배우고 싶다고 간절하게 말했어요. 강항은 세이카의 열정에 감동했고, 결국 제자로 받아들였어요.

강항이 한자로 유교 경전을 쓰면, 그 한자를 보고 세이카가 일본어로 해석을 달았어요. 이렇게 두 사람은 〈논어〉, 〈맹자〉, 〈대학〉, 〈중용〉 등 사서오경을 엮어 냈고, 이것은 일본 최초의 유학 교과서가 되었어요.

강항은 세이카와 함께 무려 스물한 권의 책을 엮었어요. 그리고 조선의 과거 제도, 왕과 신하들이 학문을 배우는 경연 제도도 전파했지요.

강항은 일본에서 학문으로 이름을 높였어요. 강항의 학문을 높이 평가

↑ 후지와라 세이카

했던 일본의 한 영주는 강항에게 일본인이 될 것을 권하기도 했어요. 그러나 강항은 오로지 조선으로 돌아갈 생각뿐이었죠. 결국 강항은 일본인 제자들의 도움으로 조선으로 돌아올 수 있었어요.

　이후 세이카는 승려복을 벗고 유학자로 거듭났고, 많은 학자를 배출했어요. 세이카는 일본 유학의 시조로 불리게 됐고, 세이카의 스승인 강항은 일본 유학의 아버지로 불리게 되었답니다.

## 많은 것을 앗아간 임진왜란의 끝

　임진왜란 때 일본은 조선의 자기, 자기 기술자, 책, 학자뿐 아니라 그림, 종 등 많은 예술품을 빼앗아 갔어요. 그래서 임진왜란을 조선의 문화를 훔쳐 간 '문화 전쟁'이라고도 해요. 지금도 고려 불화 400여 점이 일본에 있고, 신라 범종은 하나를 제외하고 일곱 구가 일본에 있어요.

　조선은 오랫동안 전쟁의 후유증을 앓아야 했어요. 각 분야의 기술은 발전하지 못하고 정체되었고, 복구를 할 수 있는 기술자조차 없었지요.

## HTX VIP 한국사 보태기

### 일본의 조선 약탈

일본은 조선에서 많은 것들을 빼앗아 갔어요. 조선의 자기부터 책, 사람, 동물까지 종류도 다양했지요. 일본이 어떤 것을 약탈해 갔는지 살펴보아요.

 자기류를 비롯한 각종 공예품을 약탈하고, 손재주가 있는 도공, 목공, 직공 등을 끌고 갔어요.

 글을 읽을 수 있는 승려를 동원해 궁궐과 사찰, 사원 등에서 약 10만 권의 문서를 약탈했어요.

 남녀를 가리지 않고 일꾼으로 삼을 만한 사람들을 모조리 끌고 갔어요. 또 한의사들도 끌고 갔어요.

 일본보다 기술력이 뛰어난 무기나 금속 예술품, 금속 활자 등을 약탈했어요.

 금은보화와 진귀한 물건들을 보이는 대로 빼앗아 갔어요.

 일본군의 양식으로 쓸 소나 돼지 등의 동물을 포획해 갔어요.

그렇다면 조선의 모든 것을 약탈해 간 일본은 어떻게 됐을까요? 일본은 임진왜란 이후 엄청난 문화 발전을 이루었어요.

조선에서 들여온 활자와 책으로 유학이 발달하며 문화 부흥이 일어났어요. 유학이 교육과 문화 발전의 기틀이 된 거예요.

또, 일본 평민들의 생활도 부유해졌어요. 두부를 만드는 기술이나 베를 짜는 기술 등 일본으로 잡혀간 수많은 기술자가 일본의 의식주에 커다란 변화를 가져다 주었거든요.

임진왜란 이후 조선의 통신사가 오랜만에 일본을 찾았어요. 이때, 사신들은 일본이 풍요롭게 잘 사는 모습을 보고 충격을 받았다고 해요. 일본의 한 역사학자는 7년간의 임진왜란을 이렇게 평가했어요.

"일본의 사치스러운 해외 유학이었다."

임진왜란으로 일본은 조선 문물을 흡수하고 문화 부흥을 이

↑ 일본을 방문한 조선 통신사

루었다는 걸 일본 학자도 인정한 거예요.

　임진왜란의 이름은 참으로 다양해요. 도자기 전쟁이라고도 하고, 문화 전쟁이라고도 하지요. 한 가지 변하지 않는 진실은 임진왜란은 죽음을 무릅쓰고 목숨을 내던진 이순신과 수많은 이름 없는 의병들이 활약한 전쟁이었고, 수많은 조선 사람들이 포로로 끌려가 비참하게 살게 된 전쟁이었다는 거예요.

　일본의 시꺼먼 속내에 죽음과 고통으로 맞선 수많은 조선 사람들이 지금의 우리나라를 지켜 냈다는 것을 가슴속 깊이 새겼으면 해요.

"여러분, 이제 임진왜란 여행에서 돌아올 시간이에요. 이조선 교수님, 오랜만에 임진왜란을 돌아보니 어떠셨나요?"

한 쌤이 화면 앞에 서서 이조선 교수님한테 물었어요.

"임진왜란 초기에 일본군의 기세에 밀려 수도인 한양까지 빼앗긴 조선은 바람 앞의 등불 같았어요. 이때 이순신은 백전백승으로 바다를 지키며 백성들한테 희망이 되어 주고 전세를 역전시켰지요. 그런 이순신이 죄인이 되어 의금부에 갇히고, 백의종군을 하는 모습을 다시 보니 너무 가슴이 아팠어요."

이조선 교수님이 눈물을 글썽이자 여주도 울컥했어요.

"흑흑, 얼마나 힘들었을까. 임진왜란 중에 어머니도, 아들도 죽었잖아요."

"그래서 최고의 영웅인 것 같아요. 힘든데도 온갖 어려움을 헤쳐 나가며 7년 동안이나 바다에서 싸웠고, 결국 자신의 목숨까지 바쳤으니까요."

마이클도 눈시울을 붉히며 말했어요.

"맞아요. 바다에서 일본군에게 한 번도 진 적이 없는 이순신은 그야말로 진정한 영웅이에요."

한 쌤 말에 이조선 교수가 이어 말했어요.

"이순신에 대한 평가는 적들마저도 감탄하게 만들었어요. 임진왜란에 참전해서 이순신과 싸웠던 와키사카 야스하루는 이렇게 말했어요. '내가 가장 두려워하는 사람은 이순신이며, 가장 미운 사람도 이순신이며, 가장 좋아하는 사람도 이순신이며, 가장 흠모하고 숭상하는 사람도 이순신이다. 가장 죽이고 싶은 사람 역시 이순신이지만 가장 차를 함께 마시고 싶은 이도 바로 이순신이다'라고요."

"적들마저도 이순신을 존경하고 영웅으로 생각하다니, 역시 이순신이야."

만세가 어깨를 들썩이며 말했어요.

"그뿐만이 아니랍니다. 이순신은 전 세계 여러 나라 장군과 제독들이 역사상 최고의 해군 지휘관으로 인정하고 영웅으로 치켜세우고 있답니다."

한 쌤이 자랑스러워하며 말했어요.

"임진왜란은 많은 것을 생각하게 만드는 전쟁이에요. 임진왜란 후 일본은 정치, 문화, 교육에 이르기까지 엄청난 발전을 했으니까요. 여기에 임진왜란 때 끌려가 모진 삶을 살았던 이삼평, 강항 같은 조선 사람들이 큰 역할을 했던 것을 일본은 잊지 말아야 해요. 그리고 그들을 아끼고 보호했고, 지켰더라면

우리의 문화는 더욱 더 발전했을 수도 있었을 텐데 하는 아쉬운 마음도 함께 말이에요."

이조선 교수님이 말하자, 세 아이들이 큰 소리로 대답했어요.

"네!"

한 쌤은 빙긋 웃으며 말했어요.

"자, HTX가 다음 여행에서는 우리를 어느 시대로 데려갈지, 다음 한국사 여행을 기약하며 모두 안녕!"

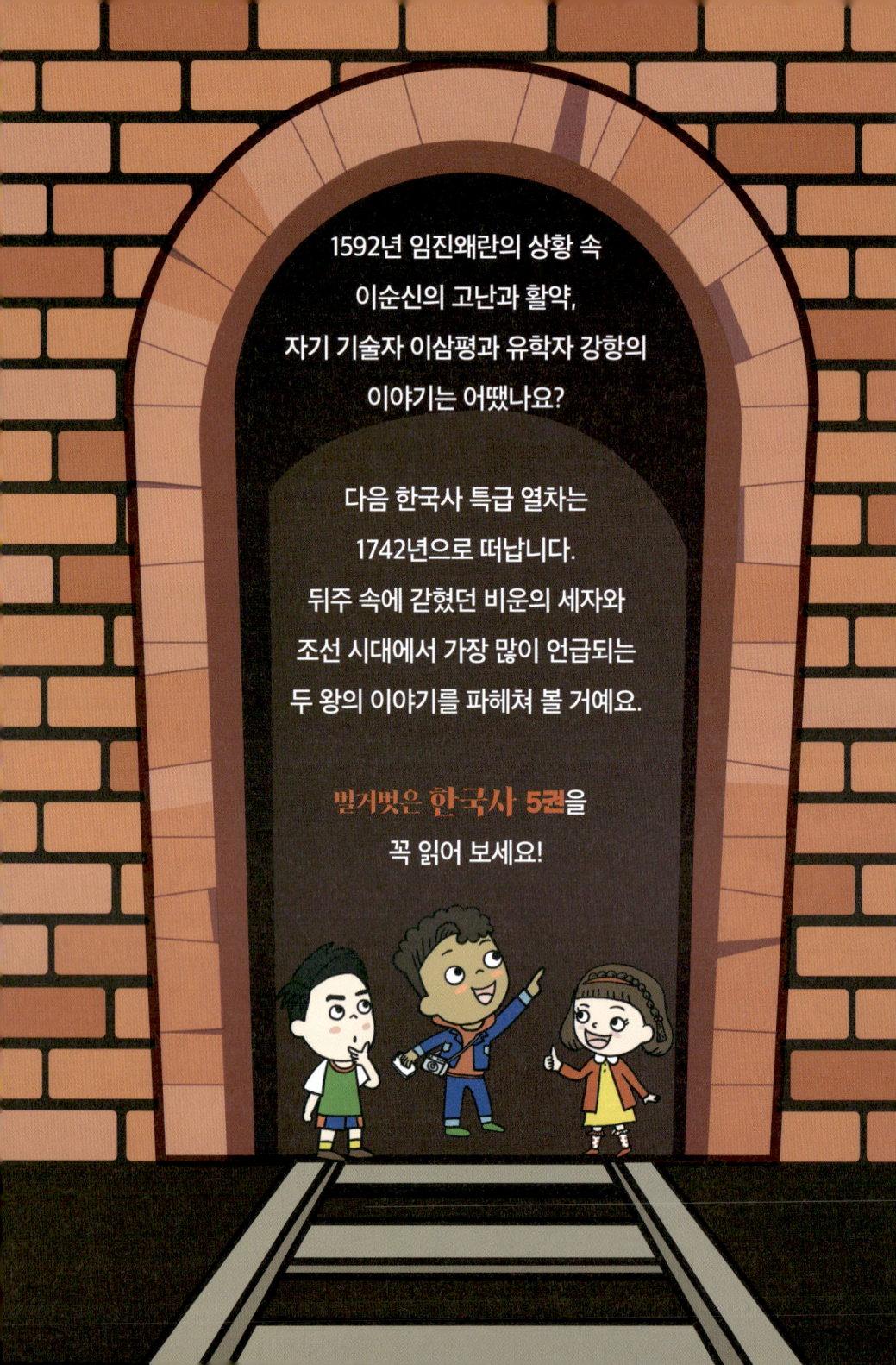

# 역사 정보

❶ 시대 배경 살펴보기
❷ 인물 다르게 보기
❸ 또 다른 역사 인물들

◈ 주제 마인드맵

**벌거벗은 한국사 퀴즈**

◈ 이순신 편
◈ 이삼평·강항 편
◈ 정답

## 200년간 전쟁이 없었던 조선, 혼란 끝에 조선을 노린 일본

일본군이 쳐들어왔어도 조선이 막강한 군사력을 갖추고 있었다면 임진왜란은 큰 피해 없이 빨리 끝났을지도 몰라요. 하지만 조선은 그렇지 못했지요. 임진왜란 전 조선과 일본의 정세는 어땠을까요?

조선이 세워진 지 200년간 평화를 유지하자 조정의 대신들은 전쟁에 대비해야 할 필요성을 못 느꼈어요. 어느 누가 전쟁에 대비해서 성을 쌓거나 군사 훈련을 하자고 주장하면 쓸데없는 짓이라며 다들 반발했지요. 율곡 이이가 십만 양병설을 주장했지만 국가 재정이 약해서 뜻을 이루지 못했어요. 이런 분위기 속에 조선의 방위 체제는 무너졌고, 군사는 문서상으로만 존재하고, 실제로는 없는 것이나 마찬가지였다고 해요.

또한 조선은 연산군 이후 명종에 이르기까지 선비들이 화를 입었던 4대 사화와 정치 세력간 다툼으로 혼란스러웠어요. 선조 때 사림이 정권을 잡았으나 당쟁이 격화돼 전쟁의 낌새가 있었어도 전쟁에 대비하는 데 소홀했어요.

한편 일본은 유럽 상인이 들어와서 신흥 상업 도시가 발전하게 되자 신흥 상인 세력들이 세를 키웠고, 영주들의 봉건적인 지배 형태가 위협받았어요. 이때 도요토미 히데요시가 등장해서 혼란한 전국 시대를 통일하고, 봉건적인 지배권을 강화했어요. 그의 야욕은 거기서 멈추지 않았어요. 오랜 싸움으로 단련된 군사력을 이용해 명을 침략하려고 했지요. 당시 명은 황제의 권위가 땅에 떨어져 정치적으로 혼란스러웠어요. 이 틈을 일본이 놓치지 않았던 거예요.

 전쟁의 명분은 명으로 가는 길을 비켜 달라는 것이었어요. 하지만 오랫동안 명과 친선 관계를 맺어 왔던 조선이 거절하면서 전쟁, 임진왜란이 시작되었지요. 명과 조선이 강했더라면 일본이 과연 침략할 생각을 했었을까요? 임진왜란은 일본의 침략으로 시작된 전쟁이지만, 명까지 참전하면서 16세기 말 동아시아의 정세를 뒤흔든 국제 전쟁이 되고 말았지요.

↑ 조선정벌대평정도

# 영웅이기 전에
# 평범한 인간이었던 이순신

전 세계 해전사에서 단연 으뜸으로 손꼽히는 이순신은 영웅을 넘어 성웅으로 받들어져요. 그러나 이순신도 우리와 같은 평범한 사람이었어요. 〈난중일기〉에 드러난 이순신의 인간적인 모습을 볼까요?

이순신은 평범한 아들이자 아버지로, 가족에 대한 정이 깊었어요. 이순신은 어머니를 '천지'라고 부르며, 하늘처럼 사랑하던 아들이었어요. 전쟁 중에도 어머니에 대한 걱정과 그리움이 끊이지 않았지요. 어머니가 돌아가셨다는 소식을 듣고 이순신은 하늘의 해조차 캄캄해 보였다며, 자신도 어서 죽기만을 기다릴 뿐이라고 했어요.

또, 자식에 대한 사랑도 대단했어요. 아들이 아프면 밤새 걱정하

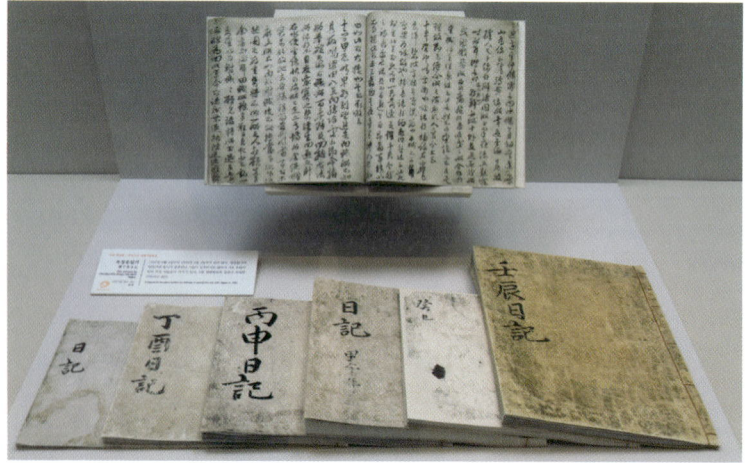
↑난중일기

며 가슴이 지독히 탄다며 한탄했고, 조금 병이 나으면 기쁘고 행복한 것을 어찌 다 말하냐며 기뻐했지요. 또, 여느 부모와 마찬가지로 아들이 과거 시험을 잘 보길 바라며 활쏘기 교육도 시켰어요. 안타깝게도 셋째 아들이 죽었다는 소식을 들었을 때 그는 온 세상이 캄캄하고 해조차도 빛이 바랬다며 울부짖었지요.

이순신은 누군가를 원망하며 비판하는 것도 서슴지 않았어요. 특히 칠천량해전에서 조선 수군의 궤멸을 부른 원균을 흉악하고 거짓을 꾸며 속이는 자라며 꼬집어 비난했어요.

이순신은 걱정이 많은 나약한 인간이기도 했어요. 나라와 백성을 걱정하고, 가족과 부하 걱정까지 하루도 마음 편한 날이 없을 만큼 걱정을 많이 했지요. 촛불 앞에 홀로 앉아 나랏일 걱정에 눈물을 주르륵 흘리기도 했어요.

이처럼 이순신은 기쁨과 슬픔을 느끼고, 분노하고, 걱정하는 보통의 사람과 다름없는 평범한 사람이었어요. 절망적인 상황에서도 강인한 의지로 나약한 인간의 한계를 극복하고자 했던 정신이 그를 위대한 성웅으로 만들지 않았을까요?

→ 이순신 동상

## 거북선을 설계한 나대용

거북선 하면 가장 먼저 떠오르는 인물은 이순신이지만,
그 거북선을 만든 사람은 바로 나대용이에요.
나대용은 거북선을 최초로 설계한 과학자이자 발명가이지요.
나대용에 대해 알아볼까요?

1556년 나주에서 태어난 나대용은 1583년 스물여덟 살의 나이로 무과에 합격했어요. 그리고 1587년 관직을 그만두고 고향인 나주에 내려와 이전부터 마음에 담아 두었던 거북선을 연구하고 설계했어요. 다들 거북선을 보며 거북이를 떠올리지만 나대용은 물방개를 연상해서 거북선을 만들었다고 해요. 나대용은 설계도대로 거북선을 만들어 집 앞 바닷물이 들어오는 방죽골에서 시험 운행까지 성공적으로 마쳤어요. 그러고는 임진왜란이 일어나기 1년 전인 1591년, 이순신을 찾아가 거북선 제작을 건의했지요. 이순신은 나대용을 전투선을 만드는 군관으로 임명해 거북선을 만들게 했어요.

거북선은 조선 수군의 주력 전선인 판옥선을 개조한 돌격용 전선함이에요. 판옥선은 1층에는 노군들이 노를 젓고, 2층에는 군사들이 전투를 치르는 배였어요. 배 방향을 빨리 바꿀 수 있고, 총통이나 활을 쏘아 적들을 물리치기에 좋았지요. 하지만 일본군의 배가 다가와서 판옥선에 올라타면 큰일이었어요. 싸움에 강한 일본군들 앞에서 우리 군사들의 피해가 컸거든요. 그래서 이순신과 나대용은 일본군이 배에 쉽게 올라타지 못하게 만들었어요. 배의 윗부분에 단단한 널빤지를 씌운 뒤, 그 위에 쇠못을 박게 했지요.

또한 배 바닥을 넓고 평평하게 만들어서 배 방향을 빨리 바꿀 수 있게 만들고, 용머리를 달아 용의 입과 배의 좌우 20여 개의 구멍에서 포를 쏠 수 있게 만들었어요.

1592년 4월 12일 드디어 완성된 거북선을 바다에 띄워 총통까지 시험 발사에 성공했어요. 임진왜란이 일어나기 바로 하루 전날이었지요. 기적 같은 일이었어요.

그 뒤 나대용은 거북선을 더 만들어 임진왜란에서 이순신과 함께 여러 해전에 나가 큰 공을 세웠어요. 임진왜란이 끝난 뒤에는 새 전함인 칼과 창을 빽빽이 꽂을 수 있는 창선과 큰 배 사이를 재빠르게 오갈 수 있는 작은 배인 해추선까지 만들어 냈지요. 이처럼 나대용의 숨은 재능이 있었기에 이순신이 빛날 수 있었답니다.

# 조선을 뒤흔든 임진왜란

임진왜란 속에는 조선을 지켜 내려고 목숨을 바친 영웅 이순신과 이름 모를 수많은 의병의 이야기가 있어요. 그리고 낯선 땅에 끌려가 비참하게 살았던 수많은 포로들의 이야기도 있지요.
그들의 피와 눈물이 서린 역사인 임진왜란을 잊지 말고 기억해요.

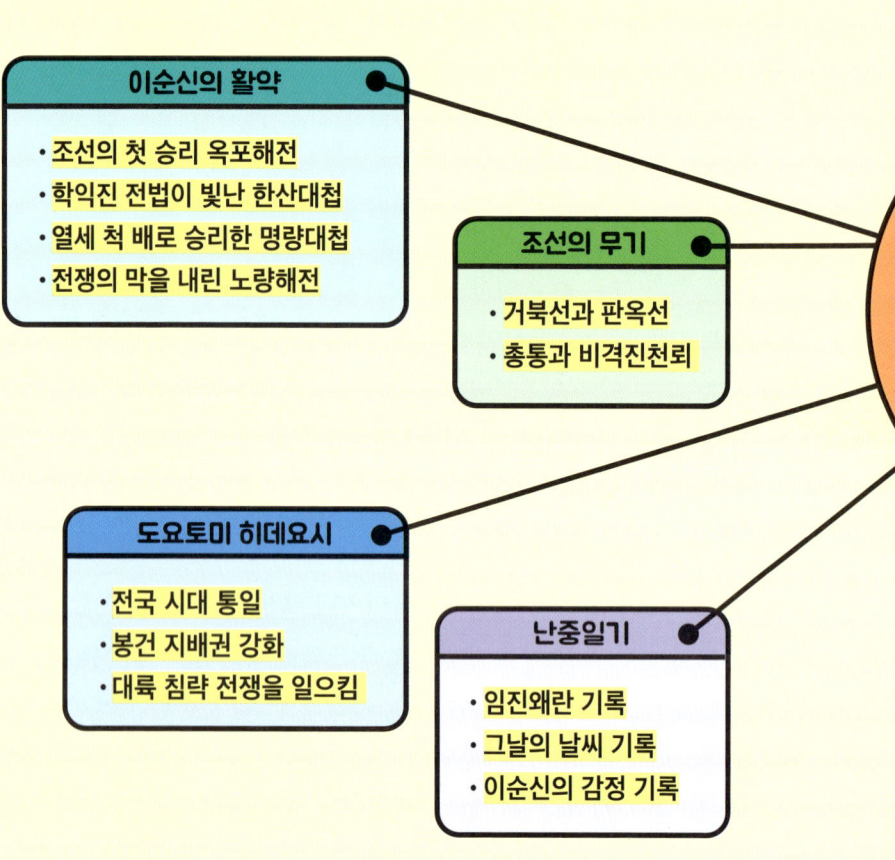

**이순신의 활약**
- 조선의 첫 승리 옥포해전
- 학익진 전법이 빛난 한산대첩
- 열세 척 배로 승리한 명량대첩
- 전쟁의 막을 내린 노량해전

**조선의 무기**
- 거북선과 판옥선
- 총통과 비격진천뢰

**도요토미 히데요시**
- 전국 시대 통일
- 봉건 지배권 강화
- 대륙 침략 전쟁을 일으킴

**난중일기**
- 임진왜란 기록
- 그날의 날씨 기록
- 이순신의 감정 기록

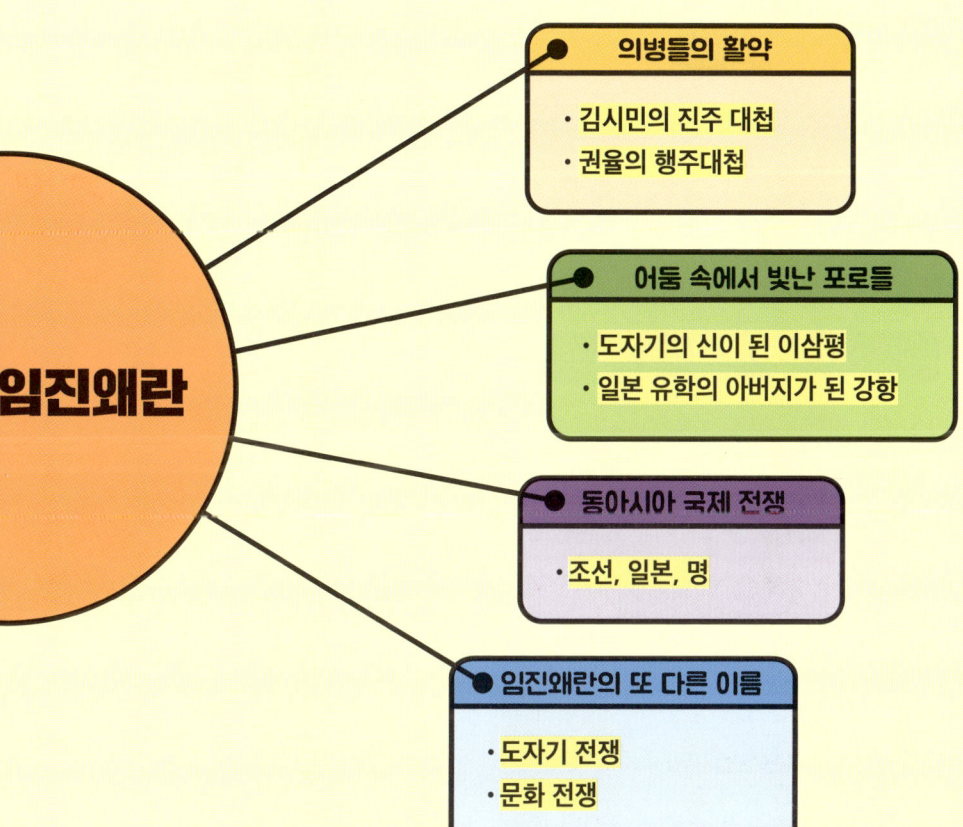

# 벌거벗은 한국사 퀴즈 이순신 편

**한국사능력검정시험 제22회 초급 23번**

 (가)에 해당하는 검색어로 가장 적절한 것은? (    )

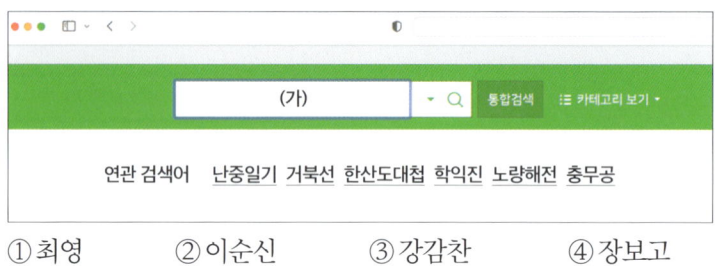

① 최영    ② 이순신    ③ 강감찬    ④ 장보고

**한국사능력검정시험 제22회 초급 23번**

 이순신이 치른 전투를 순서에 맞게 쓴 것은? (    )

|     | 노량해전 | 한산도대첩 | 명량대첩 |
|-----|---------|-----------|---------|
| ①   | 3       | 1         | 2       |
| ②   | 1       | 2         | 3       |
| ③   | 2       | 1         | 3       |
| ④   | 3       | 2         | 1       |

History information

 다음 기사에 보도된 전투 이후의 사실로 옳지 않은 것은? (   )

> **역사 신문**
> 제○○호  ○○○○년 ○○월 ○○일
>
> **신립, 탄금대 전투에서 패배**
>
> 삼도 순변사 신립이 이끄는 관군이 탄금대에서 적군에게 패배, 충주 방어에 실패하였다. 신립은 탄금대에 배수진을 쳤으나, 고니시 유키나가가 이끄는 적군에게 둘러싸여 위태로운 상황에 놓였다. 신립은 종사관 김여물과 최후의 돌격을 감행하였으나 실패하자 전장에서 순절하였다.

① 김시민이 진주성에서 항쟁하였다.
② 조명 연합군이 평양성을 탈환하였다.
③ 이순신이 한산도에서 대승을 거두었다.
④ 송상현이 동래성 전투에서 항전하였다.
⑤ 권율이 행주산성에서 적군을 격퇴하였다.

 임진왜란의 결과로 옳지 않은 것은? (   )

① 지원군을 보냈던 명이 쇠퇴했다.
② 경복궁, 창덕궁 등 귀중한 문화재가 소실되었다.
③ 조선이 삼전도에서 굴욕적인 강화 조약을 맺었다.
④ 조선의 학자, 자기 기술자 등이 일본에 끌려갔다.

## 벌거벗은 한국사 퀴즈 이삼평·강항 편

 도요토미 히데요시가 아꼈던 다음 도자기의 이름은? (     )

① 청자 대접
② 백자 항아리
③ 이도다완
④ 분청 사기

**한국사능력검정시험 제31회 중급 21번**

 (가) 전쟁 중에 있었던 사실로 옳지 않은 것은? (     )

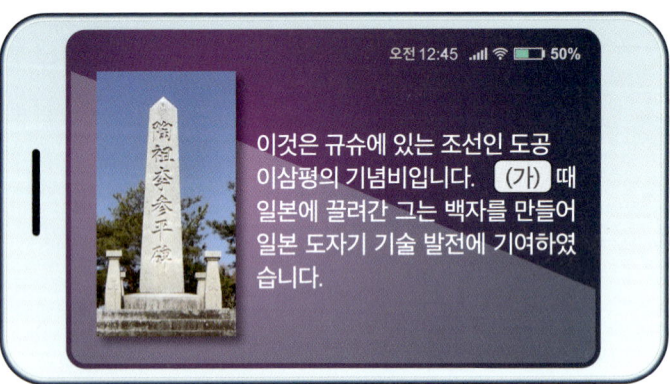

이것은 규슈에 있는 조선인 도공 이삼평의 기념비입니다. (가) 때 일본에 끌려간 그는 백자를 만들어 일본 도자기 기술 발전에 기여하였습니다.

① 김종서가 6진을 개척하였다.
② 곽재우가 의병장으로 활약하였다.
③ 권율이 행주산성에서 크게 승리하였다.
④ 이순신이 한산도대첩에서 대승을 거두었다.
⑤ 신립이 탄금대에서 배수의 진을 치고 싸웠다.

**3** 다음 설명에 맞는 책을 지은 사람의 이름과 책 제목은?

임진왜란 때 일본에 끌려갔다 돌아온 학자가 쓴 책으로, 일본의 역사, 지리, 제도, 날씨, 풍속 등을 다뤄 일본에 사신으로 갈 때 꼭 읽어야 할 책으로 손꼽혔다.

책 지은이 : ☐              책 제목: ☐

**4** 일본이 임진왜란 때 조선의 책을 약탈해 간 것과 관련된 설명으로 옳지 않은 것은? (　　)

① 일본은 전국 시대 때 싸움으로 많은 책이 불타 사라져 그 빈자리를 채우기 위해 조선의 책들을 약탈했다.

② 글을 읽을 줄 아는 승려들을 동원하여 책을 빼앗아 갔다.

③ 일본은 책을 만들 수 있는 기술이 없어 조선의 책들을 가져갔다.

④ 조선의 책을 약탈하는 것뿐 아니라 지식을 갖춘 학자들도 끌고 갔다.

# 벌거벗은 한국사 퀴즈 정답

History information

## 이순신 편

1. ② 이순신

2. ① 3  1  2

3. ④ 송상현이 동래성 전투에서 항전하였다.

4. ③ 조선이 삼전도에서 굴욕적인 강화 조약을 맺었다.

## 이삼평·강항 편

1. ③ 이도다완

2. ① 김종서가 6진을 개척하였다.

3. 강항  간양록

4. ③ 일본은 책을 만들 수 있는 기술이 없어 조선의 책들을 가져갔다.

## 사진 출처

8쪽 거북선_전쟁기념관
19쪽 부산 영도_게티이미지코리아
19쪽 부산진성_부산광역시
21쪽 변박 〈부산진순절도〉
　　_육군사관학교 육군박물관
22쪽 1872년 지방지도 동래부
　　_서울대학교 규장각한국학연구원
23쪽 변박 〈동래부순절도〉
　　_육군사관학교 육군박물관
25쪽 오죽헌의 율곡 이이 동상
　　_김순식·한국저작권위원회
28쪽 일본 조총_위키미디어
29쪽 도요토미 히데요시_위키미디어
31쪽 탄금대 팔천 고혼 위령탑
　　_게티이미지뱅크
36쪽 현충사_문화재청
37쪽 이순신 두상_전쟁기념관
47쪽 거북선_한국관광공사
52쪽 진주대첩 기록화_전쟁기념관
60쪽 진도대교_한국관광공사

61쪽 명량대첩비_문화재청
64쪽 거제 영등진 지도
　　_서울대학교 규장각한국학연구원
75쪽 현자총통_국립진주박물관
83쪽 아산 이충무공 묘_문화재청
84쪽 이삼평 비_위키미디어
87쪽 징비록_국립진주박물관
92쪽 백자 항아리_서울역사박물관
93쪽 이도다완_위키미디어
97쪽 일본 아리타 광산_위키미디어
98쪽 조선 백자_국립중앙박물관
　　 일본 백자_위키미디어
102쪽 내산서원_문화재청
103쪽 강항 동상_게티이미지코리아
105쪽 〈교도입지기〉_위키미디어
109쪽 간양록_국립중앙박물관
111쪽 후지와라 세이카_위키미디어
114쪽 〈조선 통신사 행렬도, 1655〉
　　_위키미디어
123쪽 〈조선정벌대평정도〉_위키미디어
124쪽 〈난중일기〉_문화재청
125쪽 이순신 동상_한국관광공사

# 벌거벗은 한국사

**4 영웅 이순신과 이삼평의 임진왜란**

기획 tvN STORY 〈벌거벗은 한국사〉 제작진 | 글 이선영 | 그림 이효실 | 감수 노혜경·이민웅

1판 1쇄 발행 | 2023년 10월 11일
1판 3쇄 발행 | 2025년 5월 1일

**펴낸이** | 김영곤
**아동부문 프로젝트1팀장** | 이명선
**기획개발** | 채현지 김현정 강혜인 최지현 권정화 우경진 오지애
**마케팅팀** | 남정한 나은경 한경화 권채영 전연우 최유성
**영업팀** | 한충희 장철용 강경남 황성진 김도연
**디자인** | 윤수경 **구성** | 김익선 **제작팀** | 이영민 권경민

**펴낸곳** | (주)북이십일 아울북
**등록번호** | 제406-2003-061호 **등록일자** | 2000년 5월 6일
**주소** | 경기도 파주시 회동길 201(문발동) (우 10881)
**전화** | 031-955-2145(기획개발), 031-955-2100(마케팅·영업·독자문의)
**브랜드 사업 문의** | license21@book21.co.kr
**팩시밀리** | 031-955-2177
**홈페이지** | book21.com

ISBN 978-89-509-4302-8
ISBN 978-89-509-4298-4(세트)

Copyright©2023 Book21 아울북·CJ ENM. ALL RIGHTS RESERVED.
이 책을 무단 복사·복제·전재하는 것은 저작권법에 저촉됩니다.

• 잘못 만들어진 책은 구입하신 서점에서 교환해 드립니다.
• 가격은 책 뒤표지에 있습니다.

⚠ **주의** 1. 책 모서리가 날카로워 다칠 수 있으니 사람을 향해 던지거나 떨어뜨리지 마십시오.
2. 보관 시 직사광선이나 습기 찬 곳을 피해 주십시오.

다양한 SNS 채널에서 아울북과 을파소의 더 많은 이야기를 만나세요.

인스타그램 @owlbook21   페이스북 @owlbook21   네이버카페 owlbook21

KC
• 제조자명 : (주)북이십일
• 주소 및 전화번호 : 경기도 파주시 회동길 201(문발동)/031-955-2100
• 제조연월 : 2025.5.1 • 제조국명 : 대한민국
• 사용연령 : 3세 이상 어린이 제품

• **일러두기** 이 책에 나오는 지명과 인명은 《표준국어대사전》을 따라 표기하였고,
규범 표기가 미확정일 경우 감수자의 자문을 거쳐 학계의 표기를 따랐습니다.

# 비교하면 더 잘 보이는 역사!

임진왜란이 발발하기 전, 세계에서는 어떤 일이 일어나고 있었을까요?
한국사와 비슷한 시대의 세계사 사건들을 퀴즈로 풀어 보며,
두 역사의 연결 고리를 찾아보세요!

15세기에 대항해 시대가 열리게 된 배경으로 적절하지 않은 것을 골라 보세요.

① 아시아에서 온 향신료, 비단 등이 높은 값에 거래되었다.
② 동로마 제국이 멸망하고 오스만 제국이 동서 교역의 주도권을 장악했다.
③ 마르코 폴로의 <동방견문록>이 베스트셀러가 되며 아시아에 대한 호기심을 불러일으키고 환상을 갖게 했다.
④ 아메리카 대륙이 있다는 것을 확신하고 탐험하기 시작했다.

다음 설명을 읽고 누구를 가리키는지 이름을 골라 보세요.

· 에스파냐 왕실의 투자를 받아 항해해 1492년 카리브해의 섬에 도착했다.
· 최초로 아메리카 대륙을 발견했으나 죽을 때까지도 인도인 줄로만 알았다.
· '위대한 탐험가'란 평가와 함께 '신대륙의 학살자'란 평가가 있다.

① 바르톨로메우 디아스      ② 바스쿠 다 가마
③ 크리스토퍼 콜럼버스      ④ 마르코 폴로